Auto DISCIPLINA

Como Conseguir Seus Objetivos Fazendo Um Plano E Por Livro

(Como ganhar autoconfiança e força de vontade objetivos e motivação)

Juan Toler

Traduzido por Daniel Heath

Juan Toler

Auto Disciplina: Como Conseguir Seus Objetivos Fazendo Um Plano E Por Livro (Como ganhar autoconfiança e força de vontade objetivos e motivação)

ISBN 978-1-989837-90-0

Termos e Condições

De modo nenhum é permitido reproduzir, duplicar ou até mesmo transmitir qualquer parte deste documento em meios eletrônicos ou impressos. A gravação desta publicação é estritamente proibida e qualquer armazenamento deste documento não é permitido, a menos que haja permissão por escrito do editor. Todos os direitos são reservados.

As informações fornecidas neste documento são declaradas verdadeiras e consistentes, na medida em que qualquer responsabilidade, em termos de desatenção ou de outra forma, por qualquer uso ou abuso de quaisquer políticas, processos ou instruções contidas, é de responsabilidade exclusiva e pessoal do leitor destinatário. Sob nenhuma circunstância qualquer, responsabilidade legal ou culpa será imposta ao editor por qualquer reparação, dano ou perda monetária devida às informações aqui contidas, direta ou indiretamente. Os respectivos autores são proprietários de todos os direitos autorais não detidos pelo editor.

Aviso Legal:

Este livro é protegido por direitos autorais. Ele é designado exclusivamente para uso pessoal. Você não pode alterar, distribuir, vender, usar, citar ou parafrasear qualquer parte ou o conteúdo deste ebook sem o consentimento do autor ou proprietário dos direitos autorais. Ações legais poderão ser tomadas caso isso seja violado.

Termos de Responsabilidade:

Observe também que as informações contidas neste documento são apenas para fins educacionais e de entretenimento. Todo esforço foi feito para fornecer informações completas precisas, atualizadas e confiáveis. Nenhuma garantia de qualquer tipo é expressa ou mesmo implícita. Os leitores reconhecem que o autor não está envolvido na prestação de aconselhamento jurídico, financeiro, médico ou profissional.

Ao ler este documento, o leitor concorda que sob nenhuma circunstância somos responsáveis por quaisquer perdas, diretas ou indiretas, que venham a ocorrer como resultado do uso de informações contidas neste documento, incluindo, mas não limitado a, erros, omissões, ou imprecisões.

Índice

Parte 1 1
Introdução 2
Parte 2 33
Introdução 34
10 Passos Em Direção À Autodisciplina 36
Capítulo #1: O Que É A Filosofia Espartana? 38
Uma Rápida História Dos Espartanos 38
A História De Fundo: O Exército Espartano 39
O Desenvolvimento Do Exército Espartano 41
Similaridades Com O Samurai Japonês 45
As Maiores Virtudes Da Vida Espartana 47
Aplicando Essas Filosofias Na Vida Moderna 49
Senso Comum E Conhecimento 50
Capítulo #2: 10 Passos Em Direção À Autodisciplina 52
Os Efeitos Psicológicos Do Exercício 53
Exercício Cardiovascular 57
Musculação 58
Treinamento Intervalado 60
Dicas Em Aproveitar Os Treinos Ao Máximo 63
Dica 1: Limite O Seu Treino 65
Dica 2: O Treino De Alta Intensidade 65
Dica 3: Repetições Lentas 66
Dica 4: Pesos Pesados 66
Dica 5: Séries Até A Falha 67
Dica 6: Equilíbrio 68
Dica 7: Água! 68
Dica 8: Proteína 69
Dica 9: Carboidratos 69
Dica 10: Shakes! 70

Dica 11: Variedade! *71*
Dica 12: Exercícios Compostos *71*
Conseguindo Um Parceiro Para Prestar Contas................... 73
Limite O Tempo Online E Uso De Telefone Celular 82
Substituição Do Contato Cara-A-Cara Por Tela A Tela *83*
Comunicação Não Verbal *83*
Uma Experiência Incompleta.. *84*
Revise Os 10 Passos Da Autodisciplina................................. 96

Capítulo #3: Como Você Pode Pensar Como Um Guerreiro Espartano?.. 97

O Estado De Espírito Espartano 97
Abaixo Está Uma Lista Dos Sete Estilos De Aprendizado Com Explicações: 114
Conheça A Si Mesmo 126
Nada Em Excesso.. 127
Faça Mudanças Na Sua Rotina Diária E Quebre Maus Hábitos 129

Capítulo #4: Mantenha-Se Motivado 130

Capítulo #5: Juntando Todos Os Elementos...................... 137

A Ideia De Estabelecimento De Metas 137
Os Diferentes Tipos De Distração 138
As Distrações Físicas 138
As Distrações Mentais 138
Enfrentando Seus Medos 140
Estabeleça Metas.. 141
Aprenda A Focar-Se *142*
Complete Metas De Curto Prazo *142*
Concentre-Se Na Solução.. *144*
Lembre-Se Que O Seu Único Inimigo É Você Mesmo........ *144*
Opte Por Uma Dieta Balanceada 145
A Importância Da Dieta... 147
Crie Uma Rotina De Treinos 150
As Três Fases Principais Do Treinamento Espartano 150
Fase Um: Desenvolver Força *150*

Os Quatro Maiores *152*
Agachamento *153*
O Agachamento Com Peso Do Corpo *155*
FASE DOIS: DESENVOLVER O METABOLISMO E MELHORAR A MOBILIDADE 162
DE VOLTA À ESPARTA: ENFRENTANDO DESAFIOS 163
PASSAR SOBRE, SOB E ATRAVÉS DE OBSTÁCULOS 164
SALTAR SOBRE O FOGO 165
ARREMESSO DE LANÇAS 165
ESCALADA DE PAREDE 166
RASTEJAR SOB ARAME FARPADO 166
A CARREGADA 166
OBSTÁCULOS ADICIONAIS 167
MUDANÇAS DE PERSONALIDADE 175
MANTENHA UMA ROTINA DE TREINOS REGULAR 176

Conclusão 177

Parte 1

Introdução

Para algumas pessoas, a força de vontade e a disciplina parecem vir naturalmente em tudo o que fazem. Elas podem passar por um incrível par de sapatos na loja, ignorar a necessidade de se gabar de um almoço extravagante e podem manter a firmeza e ouvir a voz da razão em suas cabeças. Para o restante de nós, ter autocontrole em nossas vidas cotidianas é uma tarefa difícil. O cheiro do café nos faz querer uma bebida cara, o par de brincos de 500 reais na vitrine da loja chama nossos nomes e se você vai sair, você pode muito bem fazer uma refeição comemorativa.

Felizmente, você pode se tornar uma pessoa disciplinada, você só precisa aprender como controlar melhor a tentação e exercitar sua força de vontade. O que a maioria das pessoas não percebe é que, como qualquer outra coisa em sua vida, a força de vontade é uma habilidade que melhora conforme você a usa. Isso significa que cada vez que você exercitar a força de vontade e tiver uma vitória, descobrirá que isso realmente te traz benefícios. Assim, da próxima vez que você se deparar com a tentação, você estará mais propenso a se afastar do par de brincos de 500 reais e esse será o dinheiro que você poderá usar em coisas mais importantes.

Claro, os hábitos de compra não são o único lugar onde as pessoas podem se beneficiar ao terem mais força de vontade. No trabalho, quando fazemos a nossa atividade, quando na verdade o que queremos é ir para casa relaxar, ou quando sua sogra decide que ela quer te visitar pela 20ª vez em uma semana e você realmente quer dizer a ela os seus verdadeiros sentimentos, você morde sua língua e apenas sorri. Ou até mesmo quandodeseja entrar em uma dieta e rotina de exercícios. Todas essas ocasiõesprecisam de força de vontade e autodisciplina. Para aqueles que precisam saber como chegar a esse ponto, as dicas deste livro podem ajudar.

Dicas de 1 a 5

Torne-se responsável por suas ações

Muitas pessoas se sentem culpadas quando não cumprem as metas ou requisitos que lhes são atribuídos. Em vez disso, aceite a responsabilidade por suas ações e escolhas. Ao se tornar responsável, você descobrirá que é menos provável fazer más escolhas e que fazer a coisa certa será muito mais fácil.
Nem sempre você estará disposto

Por mais que a motivação seja importante, muitas vezes você não vai sentir vontade de fazer a maioria das coisas que precisa fazer. Terminar uma pilha de trabalho em sua mesa, perder 10 quilos e até mesmo a hora da limpeza vai precisar ser algo que você precise simplesmente agir e fazer. Caso contrário, é provável que você continue adiando.

Tenha auto respeito e termine o que você está fazendo

Não seja uma pessoa que inicia um projeto e não o finaliza. Isso diz muito sobre seu caráter e sobre quem você é. Em vez disso, orgulhe-se do que você está fazendo e o faça do começo ao fim. Você vai descobrir que as pessoas vão notar isso e você pode se orgulhar do seu trabalho.

Mantenha-se firme e nunca desanime

Quando você estiver se preparando para um projeto, jamais pense em desistir quando as coisas ficarem difíceis, sem uma solução mais fácil e menos eficaz. Em vez disso, tenha orgulho do que você está fazendo e siga seu plano. Você descobrirá que as recompensas são maiores e você será mais respeitado no processo.

Ser humilde o levará mais longe

Acreditar em si mesmo é bom. Tornar-se arrogante é uma das piores coisas que você pode fazer. Em todos os momentos,

mantenha um nível de humildade que mostre o lado digno de quem você é. As pessoas serão mais receptivas a isso, ao invés de uma atitude arrogante de que tudo o que você faz é mágica.
Dicas de 6 a 10

Seja bom como ser humano

Todos nós cometemos erros e não importa o quanto tentemos, haverá dias em que nem tudo na sua lista será feito. Aceite que você é humano e se esforce para compensar isso no dia seguinte. No entanto, nunca permita que isso seja uma desculpa para quando você não gostar de fazer algo.

Não há nada de errado em dizer Não

Quando uma pessoa assume muitos compromissos em sua vida, ela se posiciona para o fracasso e acaba desiludindo um grande número de pessoas.Em vez de tentar agradar a todos e tentar parecer um herói para as pessoas, concentre-se nas coisas que você faz bem e ajude as pessoas que precisam da sua ajuda. Dessa forma, você não ficará sobrecarregado e poderá desempenhar um trabalho de melhor qualidade.

Mantenha-se firme nas decisões que tomar

Uma das dicas mais importantes sobre autodisciplina é manter as suas decisões. Ao fazer isso, significa que você pensou e acredita que é a coisa certa a fazer. Seja dono da sua decisão e aprenda com o impacto que a escolha teve em sua vida, em vez de recuar se achar que é a coisa certa.

Seja sempre persistente

Na maior parte do tempo, a vida não vai lhe entregar tudo o que você sempre sonhou. Em vez disso, você vai ter que trabalhar duro e tomar medidas para tornar seus sonhos realidade. Isso significa que você precisa manter um plano e garantir que permaneça persistente em levar esse plano adiante e se aproximar de seus sonhos.

Escreva e revise seus objetivos diariamente

Quando você visualiza seus objetivos por escrito, isso pode ajudá-lo a dar o impulso extra necessário para concluí-los. Se você achar que você está começando a relaxar, reveja-os novamente e motive-se a continuar focado. Essa é uma das dicas mais importantes de autodisciplina que você deve ter em mente.

Dicas de 11 a 15

Prazos externos podem ajudar

Se você acha que está tendo dificuldades para se manter no caminho certo, tenha alguns prazos externos para melhorar a sua motivação. Quando você tem que responder a outra pessoa pelo seu trabalho, existe uma chance maior de vocêprosseguir e ter sucesso. Esta é uma ótima maneira de também construir força de vontade e é uma das melhores dicas de força de vontade para se ter em mente.
Livre-se das distrações
Aqueles que lutam com o autocontrole vão querer considerar fazer ajustes para garantir que tenham maior probabilidade de sucesso. Para alguns, pode significar

remover a música da sala onde é difícil trabalhar, você também pode precisar bloquear sites de mídias sociais para produzir mais. Saiba o que te distrai e acabe com o uso deles.

Identifique suas áreas de fraqueza e elimine-as

Todos nós temos alguma fraqueza que nos impede de sermos melhores do que podemos ser. Se você sabe que tem uma fraqueza em particular, seja fastfood durante uma dieta, um desperdício de tempo no trabalho ou outras desculpas, você deve identificá-las. Com esses itens em mente, você pode trabalhar para removê-los da sua vida e melhorar a sua eficácia.

Exercícios fazem mais do que fortalecer seu corpo

O exercício físico diário tem uma infinidade benefícios associado a ele. Você pode desfrutar de níveis mais baixos de estresse, melhor concentração e motivação. Isso significa que seus níveis de autodisciplina também aumentam drasticamente com a prática regular de exercícios. Isso poderá ser algo que você pode querer focar em adicionar mais em sua rotina diária. Até 15 minutos por dia terão benefícios consideráveis.

Mantenha planos não negociáveis

Quando algo precisa ser feito, jamais permita que outra coisa entre no seu caminho. Você precisa se manter firme nos compromissos e tarefas em que está trabalhando e garantir que as conclua dentro do prazo. Isso irá mantê-lo concentrado e no caminho para o sucesso. Se você estiver se sobrecarregando, tente verificar o que você pode delegar a outras pessoas em casos extremos.

Dicas de 16 a 20
Não diga que irá fazer, apenas faça já

Dizer que você vai fazer algo é muito diferente de realmente fazer. Se você se sentar e começar um projeto, descobrirá que tem maior probabilidade de realmente fazê-lo. A maioria das pessoas descobrem que quando elas se sentam e começam a trabalhar em um projeto, elas conseguem fazê-lo mais rápido do que imaginavam ser possível.

Identifique os maus hábitos e solucione-os

A maioria das pessoas acredita que têm gatilhos que os impedem de fazer a quantidade de trabalho que elas esperavam realizar. É por isso que é importante identificar essas áreas de preocupação e trabalhar para acabar com elas. Isso pode significar que você precisará desligar o celular e ignorar as mídias sociais.

Se auto recompense

Quando você atinge metas e progride, ter uma série de recompensas pode ser muito útil. Essas recompensas podem ajudá-lo a se manter motivado para trabalhar no progresso e desfrutar de determinada uma situação. Apenas certifique-se de que essas recompensas estão alinhadas com seus objetivos. Por exemplo, não use doces para fins de dieta e exercícios e não se recompense com um desperdício de tempo se estiver focando na motivação.

Não se force a tomar decisões diárias intermináveis

Ter a fadiga de ter que tomar decisões ao longo do dia, pode acabar dando algo errado ao longo do tempo. Em vez disso, divida as decisões em ordem de prioridade e, em seguida, concentre-se em outras áreas do seu trabalho. Dessa forma, você pode permanecer apaixonado e motivado para trabalhar, sem ficar atolado com o estresse que vem com ter que ponderar sobre decisões difíceis durante todo o dia.

Tenha lembretes

A vida é imprevisível e você precisa aceitar isso. Permita imprevistos em sua vida e receba-os quando eles ocorrerem. Para garantir que você possa voltar aos trilhos, pode ser uma boa ideia reservar um lembrete para que você saiba o que está fazendo e se lembre de tudo o que ainda precisa ser feito.

Dicas de 21 a 25

Mude as suas Expectativas

É importante que suas expectativas nunca estejam além do que você é fisicamente capaz de fazer em um determinado período de tempo. Por exemplo, se você sabe que determinadas tarefas levam 12 horas para serem realizadas, jamais admita que você pode realizá-las em 2 horas. Dessa forma, você evita ficar sobrecarregado e desmotivado.

Reserve um tempo para si

Se você passao tempo todo se dedicando a outras pessoas e nunca dedica um tempo para si mesmo, você vai acabar cansado e desmotivado ao longo do tempo. É importante que você pare por um instante e se dê a chance de tirar um dia de folga uma vez por semana. Isto irá renovar a sua paixão e lhe dará a si mesmo tempo para processar as coisas.

Divida projetos grandes

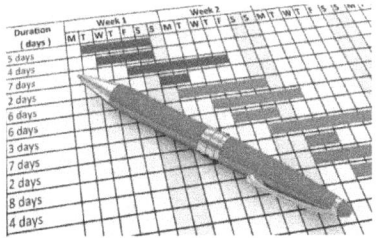

Às vezes, a motivação pode ir embora quando temos um projeto longo e demorado. Uma boa opção é dividir os projetos grandes em projetos secundários menores. Complete as tarefas na ordem lógica e você poderá ver o progresso, o que irá mantê-lo motivado para terminar o projeto maior. Uma vez que você conhece a si mesmo, você saberá qual a abordagem deve ser tomada para fazer isso.

Acabe com estresse antes que ele te domine

O estresse é algo que vai sempre trabalhar contra você. Ele pode matar a sua motivação e acabar com a sua energia. Se você começar a se sentir estressado, busque por coisas que podem ajudá-lo a descontrair-se e sentir-se melhor. Antes que você perceba, você vai começar a parecer e de fato se sentir melhor e você poderá se tornar mais produtivo em dias sem estresse ao seu redor.

Conheça as Regras e Quebre-as

Em nossos trabalhos, existem muitas regras que precisamos seguir para nos ajudar em nosso ambiente. Embora isso possa ser incrivelmente importante, essas regras às vezes precisam ser quebradas para garantir que você esteja mais motivado e capaz de realizar tudo o que você precisa. Neste caso, apenas se certifique de que você está usando o bom senso com as regras que você estiver quebrando.

Dicas de 26 a 30
Elimineos itens mais difíceis primeiro

Existem algumas tarefas que você temerá realizá-las, promovendo a procrastinação e o desvio de foco. Se você conseguir eliminar as tarefas mais difíceis logo de primeira, então poderá passar o restante do dia mais tranquilo. Essa pode ser uma ótima maneira para aumentar a sua motivação e fazer com que o seu dia comece bem.

Prove que as pessoas estão erradas

No trabalho, há pessoas que nos dizem que não podemos fazer algo, ou que uma determinada tarefa é impossível. Em alguns casos, elas podem estar certas, mas não custa nada tentar provar que elas estão erradas. Em muitos casos, você pode descobrir maneiras mais eficientes de realizar um determinado trabalho e

aumentar a produtividade, indo contra o que as pessoas acreditam.
Não ceda à pressão dos colegas

A infelizrealidade sobre os locais de trabalho é que eles estão cheios de pessoas que não querem trabalhar. Com inúmeras pausas para fumar, longos almoços e fofocas, pode ser difícil evitar panelinhas e a pressão para se juntar a um grupo. É importante que você se concentre em seu trabalho e esteja determinado a ser bem-sucedido.
Estabeleça uma rotina
Quando você está procurando melhorar sua autodisciplina, uma das melhores coisas que você pode fazer é estabelecer uma rotina. Esta rotina garantirá que certas coisas se tornem hábitos em sua

vida. Se você fizer, por exemplo, 50 flexões antes de tomar o café pela manhã, isso irá se tornar uma rotina que será fácil de ser seguida.

Nunca desista, nunca se renda

O único momento em que ocorre uma derrotadefinitiva é quando você desiste ou cede à pressão dos outros. Uma boa dica é você dar um passo atrás e focar em qual é o seu objetivo. Se você encontrar resistência, tente uma nova abordagem e trabalhe para alcançar seus objetivos até ser bem-sucedido.

Dicas de 31 a 35

Aprenda a se libertar do seu desperdício de tempo preferido

Quando você precisa controlar desperdícios de tempo em sua vida, eles não serão hábitos que podem ser facilmente eliminados. Em vez disso, você precisa começar a focar cada vez menos neles para garantir que você se torne mais produtivo. Por exemplo, se você costuma acessar as redes sociais a cada meia hora, reduza para uma hora e, em seguida, a cada 2 horas até que você possa passar 8 horas acessá-las.

Controle a taxa de açúcar do seu sangue
Quando a taxa açúcar no sangue está desequilibrada, você pode sentir irritabilidade e até mesmo falta de motivação. Fazer algo para garantir que o seu nível de açúcar no sangue esteja em dia irá ajudá-lo com a sua motivação e te ajudará a ter mais sucesso a longo prazo. Uma boa ideia é consultar o seu médico se você acredita que isto está fora de controle.

Tenha certezade que você consegue

Quando você está lutando com uma tarefa e acredita que ela está fora do seu controle, respire fundo e acredite em você. É muito provável que você seja capaz de fazer o que está sendo solicitado. Na maioria das vezes, você pode ser extremamentebem-sucedido e pode até achar que é capaz de fazer mais do que você imaginou ser possível.

Abra o seu mundo para as possibilidades

Quando você tem uma tarefa a realizar, não olhe para ela como sendoalgo que deve ser feito com um plano específico. Se uma determinada estratégia pode facilitar a sua vida e ajuda-lo a chegar no mesmo resultado, siga este caminho. Permita que alternativas torne uma tarefa mais fácil e mais rápida de ser realizada.

Chegue sempre a tempo

Discipline-se para cumprir o horário quando tiver um determinado compromisso. Isto te ajudará a tornar-se mais responsável e também irá refletir em outras áreas da sua vida. Se você diz que vai estar em algum lugar ao meio-dia, certifique-se de que estará lá ao meio-dia. Chegar alguns minutos mais cedo é bom, mas e fundamental procurar evitar atrasos.

Dicas de 36 a 40

Faça Trabalhos Voluntários

Algo que você pode fazer para ajudá-lo a se manter motivado, é realizar trabalhos voluntários. Isso faz com que você saia da sua zona de conforto e o mantém ativo e realizando coisas. Você pode então deixar essa motivação tornar-se parte do seu dia a dia e isso pode ajudá-lo a se manter animado e a continuar realizando seus projetos.

Deslizes não são o fim do mundo
Haverá momentos em que você poderá voltar aos seus velhos hábitos. Afinal, vocêé humano. Quando isso for um fato isolado, não desanime por ter uma recaída ao velho hábito. Por outro lado, se é algo com que você continua lutando, procure explorar algumas opções adicionais para trabalhar com isso.
Encontre ajuda

Se você acredita que está enfrentando dificuldades para progredir por causa dos velhos hábitos, peça ajuda. Procure focar em pessoas de confiança para ajudá-lo durante o processo, se necessário. Dessa forma, este sistema de apoio será capaz de intervir e ajudá-lo a enfrentar os pontos difíceis em sua jornada.

Tenha um cronograma

Por vezes, a motivação e o direcionamento podem ser muito úteis para te ajudar. Neste caso, você pode considerar ter um cronograma detalhado à sua disposição. Isso pode ajudá-lo a se concentrar no que realmente precisa ser feito e além disso, você poderá dividir as tarefas de uma maneira que funcionará para você. Dessa forma, não haverá surpresas no caminho.

Durma mais

O foco e a motivação podem desaparecer se você não estiver dormindo o suficiente. É importante que você tente dormir 8 horas por noite, se possível. Dessa forma, você se sentirá revigorado e pronto para realizar o seu trabalho ao longo do dia. Isso irá aumentar a motivação e irá garantir que você cometa menos erros.

Conclusão

A autodisciplina é algo que leva tempo para se dominar. O fato é que não existem atalhos nem dicas definitivas que o ajudarão a alcançar os seus objetivos rapidamente. No entanto, se você permanecer focado no processo e dar pequenos passos a cada dia, você vai descobrir que é capaz de alcançar objetivos maiores do que havia definido.

Você pode até começar a trabalhar em seus objetivos em casa e depois aplicá-los em sua vida profissional. Isso pode começar, por exemplo, tomando algumas medidas para ser mais produtivo em casa ou até mesmo se exercitar à noite enquanto assiste à televisão. Ao começar a fazer coisas positivas, você começará a ver uma mudança significativa em seus padrões de comportamento que outras pessoas também notarão.

Com as dicas listadas neste livro, as chances de você ser bem-sucedido aumentarão drasticamente. É importante que você revise essas dicas de tempos em tempos e comece a explorar as dicas que mais o ajudam. Muitas das dicas podem funcionar em várias áreas da sua vida e você pode combiná-las para maximizar sua eficácia. Se você achar que algo não combina com você, considere algumas outras apresentadas. Dessa forma, você pode aproveitar ao máximo os benefícios deste livro.

Parte 2

Introdução

O que significa ter autodisciplina? Significa ter a habilidade de se manter focado nas tarefas que se têm. Significa evitar tentações. Basicamente, significa estar em controle da sua própria vida. Isso é algo de que quase todos podem se beneficiar. Você não precisa ser um atleta ou um estudioso. Você simplesmente precisa estar motivado o suficiente para mudar a sua vida.

Porque é importante ter autodisciplina na sua vida? Autodisciplina é um aspecto chave para uma vida bem-sucedida. Você acha que Bill Gates fez bilhões sendo preguiçoso? Kobe Bryant ajudou os Lakers em cinco campeonatos faltando aos treinos? Bem, talvez em suas suas últimas temporadas. Mas o ponto que permanece é que esses caras trabalharam duro e tiveram autodisciplina para ter êxito.

Você também pode ser bem-sucedido, mas você precisa estar pronto para fazer mudanças no seu estilo de vida. Essencialmente, você vai ter que pensar como um guerreiro Espartano. Isso envolve um grupo de características em que você terá que focar:

- Força de vontade
- Confiança
- Comprometimento
- Auto moderação

Esse grupo de quatro características chave se combina para lhe dar a autodisciplina necessária para ter sucesso em qualquer coisa que você queira. Você, e somente você, pode escolher o caminho que você quer na vida. Esse será um caminho de fracasso ou sucesso? Isso depende dos passos que você dá e da sua vontade de fazer mudanças nas maneiras que você vive e pensa.

Como esse guia pode ajudar você? No final deste guia, você deve ter todas as ferramentas necessárias para tomar controle sobre a sua vida. Autodisciplina é o pilar do sucesso. Ela pode lhe ajudar a se sair melhor nos estudos, no trabalho, esportes, pescaria, xadrez, e qualquer outra atividade que você tenha. Ela pode lhe ajudar a perder peso ou ficar em melhor forma – lhe dando a habilidade de evitar tentações e a se manter em seus planejamentos de treinos.

Você irá aprender mais sobre a filosofia Espartana, incluindo quem os Espartanos eram e por que eles eram considerados guerreiros tão ferozes. Descubra como aplicar as crenças deles à sua vida e por que incorporá-las é beneficial no mundo moderno.

10 Passos em direção à Autodisciplina

O centro desse guia são os 10 passos em direção à autodisciplina. Esses 10 passos vão lhe ensinar como fazer mudanças simples na sua vida e focar no crescimento pessoal. Isso inclui dicas para mudar seus hábitos, ficar em melhor forma, escolher uma rotina de exercícios, remover tentações da sua vida, e estabelecer metas e prazos.

Você também vai receber sugestões sobre como mudar o jeito com que você olha para a vida. Mude o jeito que você pensa sobre fracasso e sucesso. Aprenda como pensar como um guerreiro Espartano.

Descubra dicas para se manter motivado e continuar comprometido às metas que você estabeleceu.

Alguns podem dizer que pessoas nunca mudam de verdade. Isso é uma completa besteira. Você só precisa tomar a iniciativa de agarrar a vida pelas rédeas e conduzir a si mesmo para a vitória. Esse guia pode ajudar, mas você é quem tem que fazer o esforço.

O que você está esperando? É hora de parar de ser preguiçoso e adquirir maior controle sobre a sua vida. É hora de adquirir a autodisciplina de um Espartano.

Capítulo #1: O que é a Filosofia Espartana?

O que é a filosofia Espartana e como ela pode ajudar você? Os Espartanos estão entre os guerreiros mais ferozes da história. Eles eram conhecidos por sua determinação nas batalhas, pela sua tática militar forte, pelo seu comprometimento ao condicionamento físico e rotina e, sobre tudo – sua autodisciplina.

Uma Rápida História dos Espartanos
Você gostaria de ter a autodisciplina de um guerreiro Espartano? Essa seção vai lhe ajudar a descobrir mais sobre a história de Esparta e como eles ficaram conhecidos como os corredores mais poderosos que já viveram. Nós também vamos lhe dar uma ideia sobre o que você pode esperar se algum dia você decidir se submeter a um treinamento militar Espartano para atingir autodisciplina e foco.

Quem foram os Espartanos? Tudo bem se você não se lembra disso da escola. Vamos recapitular rapidamente. Entre cerca de 404 A.C. e 371 A.C., Esparta era a sociedade guerreira que dominava a Grécia antiga. E sua cultura inteira era construída ao redor do serviço ao Estado e ao militarismo. De fato, tão jovens quanto aos sete anos de idade, meninos iniciavam o seu treinamento militar. Lembre-se de quando você tinha sete anos de idade – o que você estava fazendo? Você provavelmente não estava passando por um treinamento militar. Felizmente, não é tarde demais para aprender alguns dos aspectos fundamentais da cultura Espartana e aplica-los à sua vida moderna.

A História de Fundo: O Exército Espartano
O exército Espartano se refere ao núcleo de homens e mulheres a quem era atribuída a tarefa de proteger a antiga cidade de Espata dos invasores. Essas pessoas eram treinadas para absorver os valores fundamentais de um verdadeiro guerreiro. Disciplina, honra e virtude eram

os princípios centrais do treinamento Espartano. Os ensinamentos militares iniciavam cedo na juventude, o que é a razão pela qual grande parte dos homens Espartanos eram saudados como grandes guerreiros na Grécia antiga. De acordo com historiadores, durante o 4° até o 6° século A.C., era conhecimento comum que apenas um guerreiro Espartano poderia vencer vários guerreiros de qualquer outra cidade-Estado.

Essa convicção é a razão pela qual a famosa rendição na ilha de Spachteria, da olha de Pylos, veio como uma enorme surpresa para grande parte dos Gregos. De acordo com Thucydides, um dos mais renomados historiadores, os Gregos tinham a crença geral de que os Espartanos jamais iriam abaixar as armas por qualquer razão que fosse. Eles nunca se renderiam em uma luta, mesmo se estivessem famintos e em perigo

O Desenvolvimento do Exército Espartano
O legislador Espartano Lycurgus inicialmente desenvolveu um grupo de homens e mulheres, conhecidos por sua força e valores. Ele então acreditava que Esparta tinha um muro de homens em vez de tijolos duradouros para protegê-la. Para aumentar as forças militares, ele se propôs a ajudar a reformar a Sociedade Espartana e instituir mudanças para incorporar o estilo de vida militar nas pessoas. Essa ação iria instilar valores de humanidade, tais quais:

- Igualdade
- Força
- Rigor
- Condicionamento Físico

Se você fosse um homem Espartano durante aquele tempo, você teria iniciado o seu treinamento já na infância. A Gerúsia ou Conselho Grego dos Anciãos inspecionava os bebês espartanos assim que nascessem. Se o bebê fosse considerado fraco ou deficiente, era deixado no Monte Taygetus para perecer. De acordo com a história, o mundo de Esparta não tinha lugar para os fracos e indefesos. Entretanto, a prática de abandonar bebês também aconteceu em outras partes da Grécia, particularmente em Atenas.

Se você fosse considerado estável, você seria colocado em um regime de treinamento chamado Agoge assim que atingisse a idade de 7 anos. Nesse regime, crianças Espartanas eram mantidas em rotinas rigorosas. Elas também eram educadas em vários ramos, como esportes, a arte da guerra, e análise tática. Entretanto, crianças Espartanas também eram treinadas em artes. Eles tinham aulas de poesia, música e acadêmicas. Eles também eram treinados na área política.

Na cultura Espartana, existia apenas uma profissão disponível para os homens – soldado. Dos sete aos sessenta anos de idade, todos os homens eram considerados parte do exército. Com 20 anos de idade, homens se tornavam soldados em tempo integral e eram mantidos em serviço ativo até a idade de sessenta anos. Todos os dias eram preenchidos com treinamentos e competições militares designados para melhorar a autodisciplina e proeza militar.

Por causa desse intenso treinamento e estilo de vida, o mundo Espartano implicava o mesmo significado de coragem, resistência, crueldade e simplicidade de maneira geral.

Como mencionado anteriormente, crianças Espartanas, especialmente meninos, eram colocados no regime Agoge tão logo atingissem sete anos de idade. Os anciãos projetaram esse conceito de treinamento em particular para que as crianças crescessem resistindo aos vários elementos naturais, tais como frio, fome e dor.

Cidadãos Espartanos homens eram proibidos pelos governantes de irem para diferentes campos da indústria que não fosse o serviço militar. Depois do qual, eles ficavam sob o status de reserva até atingirem 60 anos.

Essas sessões de treinamento poderiam ser divididas em três fases gerais. Essa sessão vai focar em discutir esses aspectos da maneira como se relacionam com autodisciplina.

Tão logo o homem Espartano completasse a fase principal da sua vida militar, ele poderia ser eleito para celebrar na Syssitia. Essa estrutura era o hall de estilo militar no qual os Espartanos se reuniam para realizar grandes refeições.

Para preparar soldados para a guerra, a comida dada aos homens era um pouco menos saborosa e, na maior parte do tempo, não tinha calorias suficientes. Essas pessoas eram conhecidas por sua devoção ao exercício e condicionamento físico, assim como ter uma dieta saudável. Eles eram doutrinados a detestar cidadãos acima do peso. Indivíduos que não eram saudáveis eram ridicularizados pela Sociedade Espartana e enfrentavam regularmente a ameaça de serem banidos da cidade.

Como um todo, Esparta era um modelo de poder e determinação. Apesar de controlarem a Grécia apenas por um pequeno período, eles deixaram uma impressão duradoura no mundo.

Até o dia de hoje, os Espartanos ainda são considerados entre os maiores guerreiros de todos os tempos. Uma grande parte do seu sucesso foi devido às grandes virtudes que reinavam a maioria de suas vidas.

Similaridades com o Samurai Japonês

Como um soldado Espartano, o indivíduo deveria ser corajoso e estar disposto a lutar até a morte. Rendição seria visto como covardia. Guerreiros que fizeram isso normalmente se sentiriam tão envergonhados que normalmente recorreriam ao suicídio. Essa mentalidade pode ser ligada à do samurai Japonês.

Para o Samurai Japonês, qualquer forma de comportamento desonroso ou atos vergonhosos que pudessem trazer desgraça ao seu clã seriam considerados alta traição e se tornariam um problema para o samurai. Por causa disso, ele seria deixado sem outra opção que não o suicídio para recobrar a honra. Com exceção da prática do suicídio, um guerreiro Espartano pode ser considerado como o mais honrável dos homens, assim como o samurai Japonês.

Nos tempos modernos, o treinamento Espartano também pode ser ligado ao treinamento dos Fuzileiros Navais. Agora que você está ciente deste breve conhecimento sobre a sociedade Espartana e a sua instrução física, nós iremos agora mergulhar nas diferentes fases de um treino Espartano para qualquer um que gostaria de atingir grandes níveis de autodisciplina no futuro.

Em resumo, viver como um Espartano significa que você terá que ter a força de caráter e a disciplina para suportar sessões rigorosas focadas em desenvolver os seus estados físico, mental e emocional. Você terá que adotar completamente o treinamento Espartano se quiser ter sucesso e atingir a sua meta de se tornar o indivíduo mais autodisciplinado do mundo.

As Maiores Virtudes da Vida Espartana

As suas maiores virtudes eram conhecimento, senso comum e autodisciplina. Todas essas três virtudes são incrivelmente importantes em aprender a como pensar como um Espartano. Ainda assim, a autodisciplina se destaca como possivelmente a maior dentre elas.

Conhecimento se refere ao que você de fato aprendeu durante o seu tempo nesse planeta. Isso realmente não deveria precisar ser explicado. Ou você tem conhecimento, ou não tem. Algumas pessoas tendem a pensar muito de si mesmas e consideram-se conhecedoras de tópicos sobre os quais não compreendem realmente. Por favor, não seja um desses idiotas.

Senso comum se refere à sua habilidade natural de entender, observar e revisar coisas. O nome já infere que essas são habilidades que normalmente são possuídas por quase todas as pessoas. Isso não é inteiramente verdade. Existem muitos idiotas nesse mundo que não possuem senso comum.

Se a sua mãe constantemente lhe falava que você não tinha bom senso depois de ter sido flagrado fazendo ou agindo de maneira retardada, ela provavelmente estava cera. Por sorte, você não precisa ser um imbecil para sempre.

Você pode melhorar o seu senso comum e o seu conhecimento, mas isso requer autodisciplina – novamente, provavelmente a maior das virtudes dos guerreiros Espartanos. Lembre-se, autodisciplina é uma combinação de força de vontade, confiança, comprometimento e auto moderação.

Você terá que se tornar um mestre em todas essas características para ganhar a autodisciplina necessária para melhorar o seu conhecimento e senso comum. Aplicando as filosofias seguidas pelos Espartanos, você pode ganhar mais autoconfiança em todos os aspectos da sua vida.

Aplicando Essas Filosofias na Vida Moderna

Como essas filosofias podem ser aplicadas na vida moderna? Tudo que foi descrito pode ser aplicado na vida moderna. Senso comum, conhecimento e autodisciplina são coisas das quais todos podem se beneficiar.

Ter senso comum pode ajudar você a evitar erros no dia-a-dia e melhorar a sua habilidade de gerenciar o tempo ou tomar decisões. Aumentar o seu conhecimento ajuda a melhorar o poder do seu cérebro e habilidade de aprender. Ganhar mais autodisciplina ajudará com todas essas tarefas e ainda mais. Quando combinadas, as filosofias dos guerreiros Espartanos podem ajudar você a:

- Ter êxito no trabalho
- Ter êxito na escola
- Ter êxito nos relacionamentos
- Ter êxito em qualquer coisa que você foque a sua mente

Senso Comum e Conhecimento

Como ficar mais inteligente? Você lê. Obviamente você é capaz disso, já que está lendo isso agora. Honestamente, senso comum virá naturalmente conforme você trabalhar de maneira a aumentar a sua autodisciplina e conhecimento. Quanto ao conhecimento, você precisa ler mais. Devore qualquer pedaço de conhecimento que você consiga. Se esforce todos os dias para aprender algo novo. Pesquise a história dos Espartanos, aprenda uma nova habilidade, ou melhore as que você já possui.

Um bom lugar para começar é a internet, mas tenha certeza que não irá se distrair com os placares esportivos e outras notícias correlatas, o que é uma boa maneira de começar a melhorar a sua autodisciplina.

Capítulo #2: 10 Passos em Direção à Autodisciplina

É hora de se comprometer com um caminho de autodisciplina e crescimento pessoal. Isso não só vai ajuda-lo a melhorar a sua vida por lhe dar a confiança para ter êxito, mas também vai ajudar você a ir em busca de conhecimento.

Os 10 passos a seguir irão apontar você na direção certa, mas é você quem precisa fazer o esforço. Se você realmente quer transformar a sua vida, você precisa levantar da merda do sofá e fazer algo com ela. Os 10 passos incluem:

1. Comece a se exercitar diariamente
2. Defina suas metas
3. Preste contas
4. Remova tentações e distrações
5. Se livre de decisões tediosas
6. Não adie coisas para o dia seguinte
7. Não se dê nenhuma folga
8. Crie prazos

9. Não dê ouvidos aos conselhos alheios
10. Comprometa-se com o seu crescimento pessoal

#1 – Comece a se Exercitar Diariamente
Os Efeitos Psicológicos do Exercício
O exercício é comumente promovido por causa dos benefícios físicos e para a saúde de nossos corpos, e parece que nós dificilmente ouvimos falar sobre os seus benefícios psicológicos. De fato, o exercício físico também promove um bem-estar psicológico e melhora a qualidade de vida.

Alguns dos benefícios psicológicos mais comuns que podem ser obtidos por meio do exercício físico são os que seguem:
- Diminuição do estresse, e melhora da habilidade de lidar com o estresse
- Melhora da autoestima
- Melhora geral do humor
- Melhora da energia mental e física

- Melhora da imagem corporal
- Sensação de orgulho por suas realizações físicas
- Diminuição dos sintomas de depressão

Assim que você começa a experimentar esses benefícios psicológicos, a sua motivação para continuar a se exercitar vai aumentar e, como resultado, você continuará a colher os benefícios do seu regime de atividades físicas.

A quantidade de exercício que você irá precisar para conseguir esses benefícios psicológicos irá variar dependendo das suas metas de curto e de longo prazo, assim como do seu nível de condicionamento físico atual e o quão rapidamente você progride em relação à sua força, resistência e condicionamento físico de maneira geral.

Se você está tomando pequenos passos para começar, até mesmo uma caminhada curta de baixa intensidade pode melhorar significativamente o seu humor e os seus níveis de energia. Efeitos positivos podem ser atingidos com tão pouco quando dez minutos de atividade aeróbica. Para conquistar os benefícios a longo termo, você deve focar em se exercitar três vezes por semana, por no mínimo 30 minutos por sessão a um nível de intensidade moderado. Programas que funcionam melhor para reduzir os sintomas de depressão são aqueles que têm duração de, no mínimo, dez semanas.

Durante uma sessão de exercícios prolongada e contínua, nossos corpos liberam endorfinas que causam sensações como euforia, aumento de apetite, liberação de hormônios sexuais e melhora da resposta do sistema imune. Endorfinas são moléculas químicas do cérebro conhecidas como neurotransmissores, que têm o propósito de enviar mensagens através do sistema nervoso. Essas endorfinas são liberadas em resposta ao estresse e dor e interagem com receptores de opiáceos, criando uma sensação reduzida de dor, agindo de maneira muito similar à morfina e codeína, mas sem levar ao vício ou dependência. Quando os nossos níveis de endorfinas estão elevados, nós sentimos menos dor e temos menos efeitos negativos do estresse.

Considerando tudo isso, está claro que, de várias maneiras, a prática do exercício físico será benéfica para você no aspecto psicológico, assim como também haverão recompensas físicas a se ganhar com a prática regular de atividades. Então, o que você está esperando? Saia de casa e dê uma corrida, ou comece caminhando regularmente para ir melhorando o seu condicionamento. Alternativamente, vá para a academia pelo menos três vezes por semana e logo você terá a imagem corporal que deseja e os benefícios de saúde mental que precisa.

Você não pode ser preguiçoso e esperar ser definido como um guerreiro Espartano. Você vai precisar queimar a sua gordura e construir músculos. Isso significa se exercitar diariamente – ou seis dias por semana. Existem muitos tipos de exercícios nos quais você deve se focar – exercício cardiovascular, treinamento com pesos, e treinamento intervalado.

Exercício Cardiovascular

O exercício cardiovascular ("cardio") é uma parte importante do condicionamento físico. Ele lhe ajuda a desenvolver resistência e maior energia. Tente realizar pelo menos 30 minutos de cario todos os dias que você se exercitar. Isso inclui caminhar, trotar, correr, pedalar e nadar – mas nada de marcha atlética.

Não só a marcha atlética parece algo incrivelmente estúpido, como já foi provado que ela aumenta o seu risco de lesões. Quão bobo você iria se sentir se acabasse se machucando durante uma sessão de marcha atlética? Use alguma das outras sugestões se você não quiser parecer um idiota. Tanto pedalar quanto nadar têm impacto reduzido nos joelhos, assim como também são exercícios mais extenuantes.

Musculação
Levantar pesos irá ajudar você a construir músculos e força – lhe dando mais poder. Se você nunca fez musculação antes, ou se faz muito tempo desde que você fez musculação pela última vez, você talvez queira esperar e fazer somente o cardio por uma ou duas semanas antes de adicionar mais esse treinamento na sua rotina.

Treino com peso não requer que você se matricule em uma academia. Você pode se exercitar em casa, sem gastar uma fortuna. Tudo que você precisa para começar é de um par de halteres. Vá para até uma grande loja esportiva e dê uma olhada nos pesos. Teste alguns tamanhos diferentes para encontrar aquele com o qual você se sente mais confortável. Honestamente, você deve ser capaz de começar com um par de 7 ou 9kg (15 – 20 libras), mas não se sinta mal se precisar começar com os de 5kg (10 libras).

Como usar os pesos? Depois que você terminar o seu exercício cardiovascular, faça alguns exercícios básicos de musculação. Foque em treinar diferentes partes do seu corpo em dias diferentes. Isso causa uma confusão muscular e permite que você consiga aproveitar melhor os seus treinos sem atingir um platô. Aqui está um exemplo de como você pode dividir os seus treinos de modo a focar em diferentes partes do corpo:

- segunda-feira – Costas, braços e ombros
- terça-feira – Pernas
- quarta-feira – Costas, braços e ombros
- quinta-feira – Peito e abdome

- sexta-feira – Costas, braços e ombros

Esperançosamente, você é esperto o suficiente para ter notado que costas, braços e ombros apareceram três vezes, intercalados com um dia para pernas e um para peito e abdome. A razão para isso é que as suas costas e braços são algumas das áreas mais importantes para de desenvolver força. Elas devem ser o foco do seu treinamento com pesos. Construir mais músculos nas suas costas e braços vai fazer com que você tenha uma aparência mais imponente – mais como um guerreiro.

Treinamento Intervalado

O treinamento intervalado tem se tornado cada vez mais popular nos últimos anos. Você pode começar a incluir esse tipo de treinamento como parte dos seus exercícios cardiovasculares. Basicamente, o treinamento intervalado consiste em tiros curtos de alta intensidade seguidos por um período de exercício de baixa intensidade.

A maneira mais fácil de incluir o treinamento intervalado como parte do seu cardio é realizar tiros curtos nos quais você irá se esforçar até o limite. Por exemplo, quando estiver pedalando, pedale o mais rápido que você conseguir por trinta segundos e então retorne à velocidade normal por dois minutos. Continue nesse padrão de trinta segundos em alta intensidade seguidos por dois minutos em baixa intensidade até que você tenha completado um total de 30 minutos.

Faça do exercício parte de sua rotina diária. Você pode tirar um ou dois dias de descanso por semana, mas você deve tentar incluir exercícios em cinco dias da semana. Conforme a sua proeza física for aumentando, e você for se sentindo mais como um guerreiro, você pode aumentar a quantidade de exercícios que faz em cada dia.

#2 – Defina Suas Metas

Defina suas metas gerais. Decida o que é que você quer conseguir na vida. Faça uma lista de tudo o que você quer conquistar. Divida essas metas em três grupos – curto prazo, longo prazo e metas de vida.

As suas metas de curto prazo devem incluir metas que possam ser atingidas em uma questão de dias ou menos de um mês. Isso inclui terminar de ler um livro, completar um projeto, vencer um jogo (estamos falando de esportes aqui, não de videogames), ou retirar comidas não saudáveis da sua despensa.

Metas de longo termo incluem qualquer coisa que leve mais de um mês. Isso pode incluir ficar em melhor forma, atingir um peso ideal, construir uma certa quantidade de músculos, vencer um campeonato, conseguir uma promoção, ou qualquer coisa que leve um mês ou mais.

As suas metas de vida são aquelas que podem levar anos para serem atingidas. Elas normalmente requerem a conclusão de várias metas de curto e de longo prazo. Alguns exemplos de metas de vida incluem conquistar um diploma, ter filhos, comprar uma casa, ou começar o próprio negócio.

Dê às suas metas alguma consideração cuidadosa. Não adicione coisas banais, como ganhar no videogame. Você não é mais uma criança. Se você quiser aprender autodisciplina como um Espartano, você precisa ser um adulto – de fato, você precisa ser um alfa. Você precisa tomar controle da sua vida e estabelecer metas dignas de um guerreiro Espartano.

Dicas em Aproveitar os Treinos ao Máximo

Todos nós queremos obter resultados bons e positivos das nossas rotinas de treinos, sem necessariamente passar horas e horas na academia. Melhorar a nossa força, "secar" e ficar melhor condicionados, assim como melhorar a nossa imagem corporal são metas centrais nos nossos treinos, e para atingi-las existem várias maneiras de maximizar a eficiência de uma sessão de treino, fazendo com que seja possível fazer menor treinos em uma semana em programas de 30 minutos.

Primeiramente, é muito sensato obter aprovação do seu médico antes de iniciar um programa de treinamento. Se você tiver alguma condição cardíaca ou qualquer outra condição que possa ser afetada por exercício intendo, é muito importante consultar um médico antes de iniciar. Além disso, é importante começar a se exercitar em um ritmo mais lento para que o seu corpo tenha a chance de se ajustar. Começar rápido demais irá resultar em esgotamento e possivelmente em lesão, e as sugestões a seguir são somente para aqueles que já estão se exercitando e querem melhorar os seus resultados com um programa mais intenso e acelerado, assim como ainda treinando algumas vezes por semana em sessões mais curtas.

Dica 1: Limite o Seu Treino

A maioria das pessoas que quer tirar mais dos seus treinos tende a gastar muito mais horas na academia, enquanto na verdade, após 30-40 minutos de exercício, os benefícios não são mais tão grandes. Para continuar por mais tempo, você precisaria reduzir a intensidade do treino, resultando em você gastando tempo demais na academia. Em vez disso, tente treinar em uma maior intensidade por períodos mais curtos de tempo. Isso irá maximizar os seus resultados e continuará sendo tempo efetivo, levando a uma melhor condição física em menos treinos.

Dica 2: O Treino de Alta Intensidade

Sempre comece devagar se você estiver apenas começando a se exercitar. É uma boa ideia tentar correr ou pedalar, construindo resistência gradativamente por um período de não menos que 1 mês antes de partir para qualquer coisa mais intensa. Você deve ser capaz de manter uma conversa enquanto se exercita sem ficar sem ar. Uma vez que você tiver conquistado a base da resistência, você pode começar a aumentar a intensidade, e ao fazer isso, você irá aumentar a efetividade do treino.

Dica 3: Repetições Lentas
Muitas pessoas tendem a contrair seus músculos lentamente, e então relaxam mais rapidamente. Em vez disso, se você contrair lentamente e ir relaxando devagar, você vai maximizar cada repetição. Uma boa maneira de fazer isso é contar 5 segundos para a subida e mais 5 para a descida do peso.

Dica 4: Pesos Pesados
No início é melhor usar pesos mais leves para que você consiga praticar focando na execução correta de cada exercício. Uma

vez que você consiga executar corretamente usando pesos leves, a melhor maneira de avançar é aumentando os pesos, utilizando o peso mais pesado que conseguir, mas ainda sendo capaz de manter uma boa execução. Lembre-se de nunca sacrificar uma execução perfeita com o objetivo de pegar mais pesado, pois executar um exercício com peso pesado, mas execução ruim não será efetivo. Usar pesos pesados com excelente execução vai lhe dar melhores resultados em um período de tempo menor. Pesos pesados não são somente para aqueles que querem aumentar em volume, isso é um equívoco comum.

Dica 5: Séries até a Falha

Muitas pessoas levantam pesos em 2-3 séries, mas uma boa maneira de melhorar os resultados é maximizando a eficiência através de apenas 1 série com pesos pesados até que você não consiga mais manter a boa execução. Levantar pesos até a falha significa levantá-los com boa execução, parando quando você não conseguir mais manter uma boa execução, não levantando as últimas repetições com execução ruim.

Dica 6: Equilíbrio

Em vez de se exercitar sentado ou em pé em uma posição estável se segurando a algo, tente levantar os pesos enquanto fica em pé em uma das pernas ou sentado em uma bola de exercícios. Forçando-se a se equilibrar enquanto levanta os pesos vai trabalhar mais os seus músculos estabilizadores, fortalecendo o seu corpo de maneira geral e permitindo que você levante mais peso com o passar do tempo.

Dica 7: Água!

Não faz bem apenas beber água antes de se exercitar. O corpo leva pelo menos 2 horas para absorver a água que bebemos, então beber bastante antes do exercício não é suficiente. Lembre-se de manter-se hidratado bebendo água durante todo o dia.

Dica 8: Proteína

A maioria de nós simplesmente não presta muita atenção à quantidade de proteína na nossa dietae esse é um fator importante, pois nossos corpos precisam de proteína para reconstruir os músculos. Se não houver proteína suficiente no seu sistema, você não terá os resultados dos treinos, já que tanto o cardio quanto a musculação requerem proteína para construir músculos. Shakes de Whey ou proteína vegetal são uma boa maneira de adicionar proteína à sua dieta.

Dica 9: Carboidratos

Apesar da moda "low-carb" (baixo carboidrato) que diz que você deve cortar o seu consumo de carboidratos, a verdade é que você absolutamente precisa dos carboidratos, pois eles são a principal fonte de energia para o corpo. Se você pretende realizar treinos de alta intensidade, você irá precisar que os carboidratos lhe provenham com a energia primeiro. Se você beber um shake de proteína, se assegure de adicionar alguns carboidratos também. Outra excelente opção é comer uma banana, pois elas são excelentes fontes de carboidratos de baixa fibra/alto índice glicêmico, que é o combustível que o corpo precisa para o exercício.

Dica 10: Shakes!
Tente beber um shake de proteína tanto antes quanto após o seu treino. O shake anterior ao treino vai aumentar o fluxo de aminoácidos para os músculos durante o treinamento, lhes dando os blocos de construção de que precisam. Beber um shake depois do treino vai estimular o crescimento muscular. Também é uma boa ideia comer uma pequena refeição com proteínas/carboidratos cerca de 60-90 minutos após o seu treino.

Dica 11: Variedade!
Não fique preso fazendo o mesmo treino por um longo período de tempo. Se você fizer isso, o seu corpo irá se acostumar com o nível de estresse e você deixará de obter um treino efetivo. Para o cardio, é melhor fazer treinamento com movimentos funcionais do que apenas correr. Para a musculação, você deve trocar o seu treino a cada poucas semanas.

Dica 12: Exercícios Compostos
Em vez de isolar os seus músculos com exercícios como a rosca direta, você alternativamente pode maximizar o tempo que você passa treinando os exercícios que utilizam múltiplos músculos ao mesmo tempo. Dessa maneira, com menos exercícios você consegue exercitar o corpo inteiro. Além disso, os grupos musculares estarão trabalhando juntos, da mesma forma que no mundo real. Exercícios compostos como

agachamentos, supino, passadas, flexões e remadas são uma ótima maneira de começar.

Essas são algumas excelentes maneiras de maximizar os benefícios que você obtém de cada treino e também de evitar lesões ou a chance de exaustão. Se você se preparar adequadamente, o exercício de alta intensidade tem o potencial de melhorar a sua performance e os seus resultados, ao mesmo tempo que esculpe o seu corpo como o de um verdadeiro guerreiro Espartano.

#3 – Preste Contas

Você realmente precisa se manter responsável pelos seus erros e fracassos. Assuma os seus erros. Isso se aplica à tudo que você faz – desde tarefas no trabalho ou escola até se manter fiel ao seu comprometimento de treinar cinco ou mais dias por semana.

Existem muitas maneiras de se manter responsável. Primeiramente, quando você cometer um erro que afeta outras pessoas, como no trabalho, escola, time esportivo, ou relacionamento – admita o seu erro e admita que é sua culpa.

Se o erro ou falha for relacionado com as suas próprias atividades pessoais, tais como pular um dia de treinos ou comer muitas porcarias, admita a si mesmo que você cometeu um erro e se comprometa a voltar aos trilhos imediatamente. Se você pular um dia de treinos, certifique-se que você irá treinar no dia seguinte. Se você comer demais, certifique-se que você não irá extrapolar novamente no dia seguinte. Basicamente, quando você se cair do cavalo, você precisa montar de novo. Isso é o que um Espartano faria e é o que você deve fazer.

Conseguindo um Parceiro para Prestar Contas

Um parceiro de prestação de contas é alguém em quem você confia para ser o seu mentor e guia para lhe ajudar a atingir suas metas, uma pessoa que possa se comprometer a motivar você e incentivá-lo em direção ao sucesso. Ter um parceiro para prestação de contas força você a aceitar a responsabilidade pelas suas ações, e a se manter verdadeiramente comprometido em atingir os seus objetivos.

Pessoas que não prestam contas tendem a criar desculpas ou a adiar as coisas e acabam nunca completando um desafio. Elas trazem energia negativa para a mesa para desviar da raiz do problema – elas mesmas.

O conceito é manter reuniões semanais regulares com o seu parceiro de prestação de contas, que vai motivar, desafiar, encorajar e inspirar você para que consiga atingir os resultados máximos. Você deve estar preparado e esperar relatar o seu progresso a cada semana e discutir quaisquer obstáculos que esteja enfrentando, assim como as suas conquistas.

Escolha o seu parceiro com cuidado e escolha alguém que tenha sincronia com você, uma pessoa com a qual você pode contar e com quem você pode aprender. Comunique claramente os seus objetivos e os resultados que você quer atingir. Pode ser um membro da família, um amigo ou colega de trabalho. Peça para alguém próximo a você ser seu parceiro e a torcer por você ao longo da jornada, e a lhe cobrar sobre os seus comprometimentos quando você começar a desfocar. Os 3 melhores benefícios de se ter um parceiro são os seguintes:

1) Prestação de Contas e Responsabilidade

Muitas das nossas metas não são atingidas devido a não sermos cobrados por ninguém para atingi-las. Procrastinar e colocar tarefas em banho-maria são coisas que muitos de nós fazemos por causa de outras questões com as quais lidamos. Um grande benefício em se ter um parceiro para prestação de contas é que essa pessoa confiável vai lhe cobrar quando chegar a hora de atingir os seus objetivos, e também vai monitorar as suas ações para se certificar que você está no caminho certo.

Parceiros de prestação de contas agem como os seus ressoadores e porteiros enquanto ainda continuam a perguntar onde você se encontra no seu plano de ação.

2) Criatividade e "Brainstorning" com Compartilhamento de Ideias

Uma das posses mais poderosas que uma pessoa pode ter é o conhecimento. O seu parceiro terá experiências, ideias e perspectivas que são diferentes das suas e podem ajuda-lo a superar obstáculos e a completar desafios. Brainstorming e criatividade com outro indivíduo que está focado em ajudar você é um dos benefícios mais recompensadores que você irá ganhar ao ter um parceiro de prestação de contas.

3) Suporte Motivacional

Uma vez que a excitação inicial de um trabalho novo tenha ido embora e se torne apenas trabalho, manter uma perspectiva positiva e a motivação pode ser desafiador. Comumente, metas levam tempo para serem atingidas e requerem esforço e determinação, e os resultados não virão tão rapidamente quanto se pode esperar. Isso pode causar uma frustração séria e causar desmotivação. Para combater isso, se cerque com um parceiro que seja solidário e lhe motive. Isso dará a você o encorajamento positivo não importa o quão bem você esteja desempenhando, e você irá participar em discussões intencionalmente inspiradoras e que vão lhe estimular a continuar indo em frente.

O parceiro que você escolher deve ser alguém que você admita e que tenha conquistado o que você almeja conquistar. A pessoa certa é alguém que possa lhe engajar e desafiar e invocar uma sensação de conquista dentro de você. Escolha sabiamente!

#4 – Remova Tentações e Distrações

Tente remover o máximo de tentações e distrações da sua vida. Isso é uma parte importante na construção da autodisciplina do guerreiro Espartano. O que são distrações e tentações? Qualquer coisa que lhe impeça de atingir os seus objetivos.

Se você está tentando ficar em melhor forma, comidas não saudáveis, refrigerante e álcool são grandes tentações. Se você está tentando aumentar o seu conhecimento ao ler mais ou pesquisar informações na internet, a televisão pode ser uma grande distração. Pense nos seus hábitos diários e rotina.

Se o seu objetivo é se tornar um parceiro ou cônjuge melhor, ou encontrar o parceiro perfeito – não assista pornô. Isso vai sugar toda a sua energia e após alguns anos você vai ficar viciado, não vai conseguir ter uma ereção. Aqui vão apenas alguns dos impactos de se assistir pornô a longo termo e que devem lhe dar razões suficientes para evitar essa distração.

Os efeitos negativos da pornografia não são apenas uma questão de certo ou errado. Em vez disso, têm relação com o efeito que a pornografia tem tanto nos usuários quanto nos seus parceiros. Os seguintes são apenas alguns dos efeitos colaterais tóxicos que usar pornografia tem no usuário e nos seus relacionamentos:

1. Cria um elo emocional com um mundo artificial

- Todos nós temos uma necessidade crítica por intimidade humana, e por criar laços com outros. Quando alguém assiste pornografia, essa pessoa cria uma ligação íntima com um mundo artificial e isso pode levar à perda da habilidade de se conectar com pessoas reais.

2. Sexo sem intimidade

- Pornografia envolve a utilização do sexo pelas razões erradas. Como é sexo sem conexão emocional, o apetite profundo continuará não satisfeito. O usuário então começa a questionar o que está errado em seus relacionamentos, se tornando irritado e deprimido. No final, o usuário se sente emocionalmente vazio e desconectados das pessoas ao redor.

3. Insatisfatório

- O uso de pornografia pode resultar em uma sensação boa a curto prazo, mas eventualmente irá resultar em solidão, baixa autoestima, e sentimentos de vazio, criando uma porta de entrada para o vício. Como o mundo da pornografia é artificia, ele não pode satisfazer a necessidade de intimidade emocional, e a necessidade básica continua não contemplada, criando um apetite para mais e mais.

4. Intensificação

- Conforme o tempo passa, a pornografia que assistimos inicialmente se torna mundana. Isso leva à uma intensificação na qual começamos a assistir coisas que inicialmente teríamos considerado erradas ou passando dos limites. Isso resulta em um sentimento de desejo crescente de fazer coisas que irão danificar tanto nossos relacionamentos quanto nossa reputação.

No final das contas a pornografia não vai salvar um relacionamento com problemas ou um casamento que está falhando, e além disso não é satisfatória. Assistir pornografia irá aumentar todas as feridas emocionais do passado, prejudicar a sua habilidade de cumprir com suas necessidades emocionais, danificar os seus relacionamentos e deixar você em uma posição na qual você não consegue ser sexualmente ou emocionalmente responsivo ao seu parceiro.

Limite o Tempo Online e Uso de Telefone Celular

Um estudo recente conduzido na Kent State University relacionou o uso frequente do telefone celular com níveis reduzidos de felicidade em estudantes universitários. O estudo concluiu que aqueles que usam os seus telefones celulares com grande frequência tendem a ter notas mais baixas, mais ansiedade, e menos satisfação com a vida do que aqueles que usavam o telefone com uma frequência menor. As seguir estão as razões pelas quais o excesso de uso de tecnologia leva a uma redução na felicidade dos usuários:

Substituição do contato cara-a-cara por tela a tela

- Todos nós tiramos alegria e contentamento através do contato e relacionamentos significantes com outros humanos, e nós evoluímos para interagir diretamente com outros, cara-a-cara.

Comunicação não verbal

- Uma parte substancial da nossa conexão com outras pessoas é não verbal, através do toque, expressões faciais e linguagem corporal. Todos esses fatores têm um importante papel na realização de conexões significativas.

Uma experiência incompleta
- Reduzir a nossa comunicação a apenas palavras ou fotos em uma tela, ou sons vindos de um aparelho eletrônico é o equivalente a retirar a melodia de uma música, deixando apenas a letra, o que torna a experiência incompleta e insuficiente, criando uma menor conexão emocional, o que a torna uma experiência insatisfatória.

Telefones celulares e outras tecnologias inteligentes podem ser verdadeiras bênçãos em alguns casos, mas também são uma maldição, pois nos levam a passar menos tempo ao ar livre ou na academia treinando, e limitam as nossas interações a nível emocional com outras pessoas. Felizmente, à medida que pais e pessoas jovens passam a se dar conta dos potenciais prejuízos do uso consistente e contínuo de mídias sociais e excesso de uso de tecnologia, eles estarão mais propensos a se tornarem usuários inteligentes que evitam ficar presos à tecnologia. Uma boa regra é, se você trabalha ou tem o seu próprio negócio, não cheque o seu e-mail e seu celular assim que acordar de manhã, isso faz com que você perca 30% da sua produtividade da semana.

Quais são as coisas que tendem a ser obstáculos para que você se mantenha firme aos seus comprometimentos? Se você achar necessário, faça uma lista dessas distrações e crie maneiras de removê-las. Você pode parar de comprar comidas não saudáveis e refrigerante. Você pode desligar a televisão ou ir para outro cômodo.

#5 - Livre-se de Decisões Tediosas

Os Espartanos tinham apenas um tipo de roupa para vestir. Isso remove essa decisão da sua rotina diária. A ideia de remover decisões tediosas é algo que muitas pessoas de sucesso aplicam às suas vidas. Veja Mark Zuckerberg ou Steve Jobs. Esses dois gigantes da tecnologia usam as mesmas roupas todos os dias, para eliminar o tempo gasto para ficarem prontos pela manhã – Zuckerberg com o seu moletom característico e Steve Jobs com a sua icônica gola alta preta.

Ao cortar o tempo gasto com decisões triviais, você terá mais tempo para focar nas coisas que importam de verdade. Dentro de poucas semanas, você ficará impressionado com a quantidade de tempo extra que você tem.

Quais são algumas das decisões tediosas que você pode querer remover da sua rotina diária? O primeiro exemplo é um dos mais fáceis. Pare de se importar tanto com o que você veste. Faça uma limpa no seu guarda-roupas e diminua as suas opções.

Outra decisão tediosa que você pode remover do seu planejamento diário é o que comer. Crie uma dieta balanceada que inclua suficientes quantidades de proteínas, carboidratos e gorduras que ajude você a atingir o objetivo de construir o corpo de um guerreiro Espartano.

Crie um plano de refeições ao qual você consiga aderir, eliminando a necessidade de decidir o que você vai comer a cada dia. Claro, você pode precisar gastar algum tempo criando o plano de refeições, mas você vai precisar fazer isso apenas uma vez por semana.

Além dessas sugestões, pense na sua rotina diária. Pense sobre quais decisões você tem que tomar diariamente que possam ser descartadas. Pare de perder tempo com merdas que não importam de verdade e foque na sua tarefa.

#6 – Não Adie Coisas para o Dia Seguinte

Não deixe as coisas para o dia seguinte. Pare de ser tão preguiçoso e comece os seus planos hoje. Se você falhar em atingir suas metas, continue tentando. Por exemplo, se você acabar bebendo demais em uma noite, certifique-se de se exercitar pela manhã. Isso se liga diretamente com a sugestão de se mantes responsável e prestar contas. Você nunca deve deixar um fracasso impedi-lo de se manter focado.

É importante ter grande autodisciplina, o que vai permitir que você faça as coisas que ama nos dias em que você não estiver com muita vontade. Se você diz que vai fazer algo, então faça.

É importante que nós escolhamos sempre o caminho certo quando chegamos em momentos da vida nos quais temos que tomar alguma decisão. Autodisciplina é a habilidade de controlar os impulsos, emoções, desejos e comportamentos. É a habilidade de renunciar ao prazer imediato e gratificação instantânea em prol da satisfação a longo termo que virá após atingir metas maiores e mais significativas.

Possuir autodisciplina lhe dá a habilidade de tomar decisões positivas, agir e executar o seu plano apesar de quaisquer obstáculos, dificuldades ou desconforto que você possa enfrentar em qualquer momento. Ter autodisciplina não significa que você irá limitar ou restringir o seu estilo de vida, ou desistir de tudo que você gosta. Significa aprender a focar a sua mente e energia nos seus objetivos e perseverar até que tenham sido atingidos. Também significa cultivar uma mentalidade na qual você é comandado por escolhas deliberadas, e não por hábitos ruins, emoções ou influência alheia.

Ao desenvolver autodisciplina e autocontrole, nós garantimos a nós mesmos a habilidade de dominar o nosso destino. Autodisciplina nos permite viver uma vida mais ordenada e satisfatória na qual nós podemos atingir nossas metas em um período de tempo razoável. Nós podemos nos encorajar para desenvolver autodisciplina ao focarmos nos benefícios a longo prazo ao invés dos desconfortos de curto prazo, algo do que que a nossa saúde e felicidade dependem.

Qualquer coisa que possa ser completada hoje, deve ser completada hoje. Você não tem desculpas. Não choramingue e lamente sobre as coisas que você precisa fazer – apenas faça.

#7 - Não se dê Nenhuma Folga

Seja duro consigo memo. Seja muito duro consigo mesmo. Você não deve se dar folga ou inventar desculpas. Novamente, isso é similar com a prestação de contas, mas vai além. Você precisa ser duro consigo mesmo e se forçar a ser melhor o tempo todo. Isso pode ser aplicado a qualquer tarefa que você queira realizar. Se você não está feliz com os resultados, não dê a si mesmo um tapinha nas costas.

Se você passar em uma prova com notas medíocres, você ainda atingiu seu objetivo? Não, você falhou. Da próxima vez você precisará estudar mais. Se você vencer um jogo por apenas um ponto, ainda é uma vitória? Para os placares, sim; mas não no que se refere à sua própria satisfação. Você terá que se esforçar mais para ganhar por uma margem maior da próxima vez.

Se esforce até o seu limite e se mantenha focado. Sempre que você sentir que está prestes a relaxar, pergunte a si mesmo, "o que um Espartano faria?" Eles iriam se esforçar até doer.

#8 – Crie Prazos

Crie prazos para os objetivos que você quer atingir. Isso irá força-lo a se tornar mais responsável e se esforçar mais. Examine a lista de metas que você criou e estabeleça prazos para todas as metas de curto e de longo prazo. Metas de vida levarão anos, então não é muito realista estabelecer prazos para elas.

Quando você estabelecer suas metas, não pegue leve consigo mesmo. Cada decisão que você tomar requer que você pense como os guerreiros Espartanos. Se esforce ainda mais ao estabelecer prazos mais curtos. Se uma das suas metas de curto prazo é ler um livro, estabeleça um prazo de poucos dias. Se você tem uma meta que envolve perder peso, estabeleça um prazo que vá força-lo a perder pelo menos meio quilo por semana.

Adicione prazos à sua lista de metas. Você pode querer colocar essa lista revisada de objetivos em algum lugar onde você possa vê-la todos os dias. Isso pode incluir o seu espelho, a sua geladeira, ou sua área de trabalho.

Outra opção é tirar uma foto das suas listas e usá-las como tela de fundo do seu computador. Dessa forma, toda vez que você ligar o computador você será lembrado dos seus objetivos.

#9 – Não Dê Ouvidos aos Conselhos Alheios

Não escute conselhos alheios. Se mantenha fiel às suas metas e evite amigos, família e colegas de trabalho que duvidam. O que eles sabem? A sua vida é sua para controlar. Um verdadeiro guerreiro Espartano não se permitiria ser desanimado por outras pessoas.

A maior parte das pessoas que oferece conselhos está simplesmente com inveja da sua dedicação em melhorar a sua autodisciplina. Essas pessoas sabem que elas mesmas não são capazes de atingir os mesmos objetivos e lhe darão conselhos sem garantia.

Ignore essas merdas e foque no que você sabe – você está no caminho para se tornar um guerreiro Espartano – coisa que eles nunca viram.

O único conselho que você deve dar ouvidos é aquele que você pede. Lembre-se que aumentar o seu conhecimento é uma de suas metas. Existem momentos em que você vai precisar de conselhos ou de instrução aprofundada.

Você só deve prestar atenção em conselhos vindos de pessoas que sabem sobre o que estão falando – como um treinador, professor, personal trainer, ou qualquer pessoa que efetivamente saiba sobre o assunto que está falando

#10 – Comprometa-se com o seu Crescimento Pessoal

Comprometa-se completamente com os seus objetivos. Você deve se manter comprometido ao seu plano de atingir suas metas. Esse é o último passo em direção ao desenvolvimento de mais autodisciplina. Mantenha-se focado nas suas metas e nas etapas individuais que levarão você a alcança-las.

Lembre-se diariamente do que você precisa fazer para conquistar seus objetivos e atingir o sucesso. Um guerreiro Espartano é comprometido desde os sete até os sessenta anos de idade. O mínimo que você pode fazer é se comprometer em melhorar a sua própria vida daqui para frente. Afinal de contas – você falhou em comprometer-se até esse ponto.

Revise os 10 Passos da Autodisciplina

Cuidadosamente revise os passos mencionados. Faça-os parte da sua rotina diária. Comece pensando sobre como você pode implementar essas sugestões ao seu estilo de vida. Tudo começa com uma sessão de exercícios diariamente e termina com o seu comprometimento ao crescimento pessoal.

Capítulo #3: Como Você Pode Pensar Como um Guerreiro Espartano?

Para pensar como um guerreiro Espartano, você pode ter que mudar a sua perspectiva na vida. Isso é uma parte importante em se tornar mais disciplinado e em aumentar a sua força de vontade.

Existem alguns lemas pelos quais os guerreiros Espartanos viviam – "conheça a si mesmo" e "nada em excesso". Você deve repetir essas duas partes da filosofia Espartana todos os dias. Use-as como mantra e como parte do seu caminho em direção à melhoria pessoal. Se você quer pensar como um guerreiro Espartano, foque nesses dois lemas. Conheça a si mesmo e evite excessos.

O Estado de Espírito Espartano

A mente de um espartano é motivada e consistente. Ele sabe com clareza o seu propósito e está focado nas obrigações escolares, militares e familiares. Na sociedade Espartana, o silêncio era valorizado acima de palavras vazias, sendo a ênfase colocada na simplicidade acima da decoração, e precisão preferida à expansividade.

Liberdade, igualdade e fraternidade eram as éticas centrais da cultura Espartana, separando Esparta das outras democracias da Grécia antiga. O silêncio cultivado em Esparta era o silêncio dos homens pensantes que se deram conta de que é sábio pensar antes de falar e somente falar quando você tem algo que valha a pena ser dito. Essa é a essência da retórica Espartana que foi altamente valorizada pelos filósofos Platão e Sócrates.

Esparta era, antes de tudo, uma sociedade guerreira onde a lealdade ao estado e ao serviço militar eram o centro da cultura Espartana. Com 7 anos de idade, meninos iniciavam na educação, treinamento militar e programas de socialização, todos administrados pelo Estado. Esse programa, conhecido como Agoge, colocava grande ênfase no dever, disciplina e resistência. Como todos os Espartanos eram soldados profissionais, todo o trabalho manual era feito por uma classe escrava conhecida como "Helotes".

O código de vestimenta e arquitetura de Esparta eram muito simples em comparação com as cidades mais contemporâneas daquele tempo. Esparta fazia coisas com mais precisão e simplicidade que outras culturas e fazia melhor uso dos elementos naturais, com foco nas necessidades funcionais e essenciais do projeto. Esparta também foi a primeira cidade-estado a introduzir um uniforme para o exército, que consistia em túnicas e capas escarlate. Os Espartanos também tinham o cabelo cortado da mesma maneira. Os meninos do Agoge tinham as cabeças raspadas, enquanto homens jovens tinham cabelo curto, e homens acima de 30 anos tinham cabelo longo, muitas vezes usado em tranças.

O legado Espartano está enraizado tanto na habilidade marcial superior, quanto na sua capacidade de unir corpo e mente. As forças de coração, espírito, corpo e mente de um Espartano o diferenciava e destacava dos outros Gregos. Esse espírito genuíno e o poder que tinham sobre seus corpos e mentes fez dos Espartanos incríveis guerreiros e profundos filósofos.

A filosofia de Esparta era o coração e a natureza, sendo assim o coração de cada Espartanos estava ligado em uma unidade de cultura e sociedade na qual a igualdade e o senso de comunidade reinavam supremos. Nessa sociedade altamente sofisticada, tagarelice e fofoca nunca eram proferidas por um Espartano. Em vez disso, eles escutavam em silêncio e testemunhavam uns aos outros com coração e mente abertos. No seu silencia eles se tornavam um com a natureza, e escutavam aos sons naturais do mundo ao seu redor, do correr das águas dos rios, ao uivar dos lobos, guinchar das corujas, ou dos ventos chicoteando através das árvores, com suas folhas se agitando, sussurrando as vozes da Mãe Terra através do dia e da noite.

A palavra filosofia, do Grego "philosophia", se traduz em "amor da sabedoria", e a filosofia de vida Espartana era de harmonia e igualdade na qual eles estavam sempre buscando respostas aos mistérios da vida e morte, céu e terra.

Medo, sexo e dinheiro sempre estarão presentes, não importa o tempo, cultura ou lugar na Terra. Em sua sabedoria sem limites, os Espartanos reconheciam que esses problemas eram forças interiores inerentes aos humanos, e a sua solução foi de poder em vez de negação.

Esse poder era o da mente e espírito se transformarem em forças motrizes, e a habilidade de se empoderar ao enfrentar problemas e praticar auto moderação e controle sobre a mente e o corpo.

Já é tempo de você se empoderar e aprender a tomar controle sobre o seu corpo e a sua mente. Expanda o seu conhecimento. Pratique pensar antes de falar e logo as suas palavras terão mais peso e um significado mais profundo. Entre em contato com os seus arredores e aprecie a natureza e estar ao ar livre, foque nos sons naturais e derive para um estado meditativo. Limpar a sua mente é uma chave para uma vida sem estresse. Viva uma vida sem drama e distrações, e as coisas irão ficar em foco mais depressa, permitindo que você relaxe e se mantenha verdadeiro ao seu propósito. Os seis passos a seguir irão guia-lo na sua busca para adquirir controle do seu corpo e da sua mente e lhe colocar no caminho certo em direção a uma vida simples e orientada por objetivos, com você no assento do motorista.

Aqui estão algumas dicas simples para fazer desses lemas parte da sua vida e ajuda-lo a pensar mais como um Espartano:

1. Mude a sua mentalidade referente ao fracasso
2. Controle Suas Emoções
3. Entre em contato com o seu eu interior
4. Evite o consumo excessivo de qualquer coisa
5. Auto controle pode ser obtido por repetição
6. Descubra as suas forças
7. Saiba o que você quer
8. Descubra como você aprende mais eficientemente
9. Supere crenças limitantes
10. Conheça a si mesmo e Nada em Excesso

#1 – Mude a Sua Mentalidade Referente ao Fracasso

Mude o jeito que você pensa sobre o fracasso. Aprenda a aceitar que as falhas são parte da vida. O Espartano tinha ciência de que não era perfeito. Eles sabiam que o fracasso é parte da vida. Sem o fracasso, você nunca aprenderia a ter êxito. Você precisa se queimar para aprender a não chegar muito perto das chamas.

Quando você falha em alguma tarefa, você precisa assumir a responsabilidade e retomar o caminho, mas você não deve ficar remoendo o acontecido. Isso seria ficar preso no passado. Aprenda com seus erros e use-os para aumentar o seu conhecimento e senso comum.

Tome nota dos seus erros e destrinche as razões que o levaram à falha. Você precisa ser capaz de olhar a si mesmo e aos seus próprios erros, não importa o quão difícil seja. Se você conseguir explorar as razões que o levaram ao fracasso, você estará melhor equipado para evitar cometer os mesmos erros novamente.

#2 – Controle Suas Emoções

Você precisa se manter em controle sobre as suas emoções. Você deve ser capaz de se manter calmo em qualquer situação. Isso é algo que pode ser difícil de ser aprendido. Se você é temperamental, você precisa perceber que existem situações em que a sua raiva pode ser benéfica e outras em que ela pode atrapalhar o seu caminho e arruinar tudo.

Controlar as suas emoções é uma parte importante da autodisciplina. Sempre que você sentir que o controle sobre suas emoções está começando a ceder, você precisa respirar fundo e esperar até retoma-lo. Você então pode usar o senso comum e conhecimento para criar um jeito de usar essa raiva – ou qualquer outra emoção que estiver sentindo.

Se você conseguir aprender a controlar a sua raiva, você pode usá-la como incentivo. Se a sua raiva é relacionada ao trabalho, escola, esportes ou qualquer outra parte da sua vida, dê uma pausa. Acalme-se. Respire fundo e pense em como você pode fazer para consertar as coisas.

Se alguém irrita você, faça o seu melhor para redirecionar essa irritação e conseguir resultados. Por exemplo, se alguém zomba da sua performance, use essa raiva para forçar-se a fazer melhor da próxima vez.

#3 – Entre em Contato com o Seu Eu Interior

Por mais feminino que isso pareça, você precisa entrar em contato com o seu eu interior. Isso significa realmente conectar-se com as suas emoções e com o seu jeito de pensar. Isso era um dos lemas do guerreiro Espartano – conheça a si mesmo.

Uma maneira de fazer isso é mantendo um diário. Sim, manter um diário pode não parecer uma tarefa muito masculina ou o tipo de coisa para a qual um Espartano teria tempo, mas é um dos melhores jeitos de se conectar com as suas verdadeiras emoções e conhecer a si mesmo.

Se ajudar, não pense nisso como um diário. Na verdade, chame do que você achar melhor. Você não precisa nem usar papel e caneta. Você pode manter seus pensamentos em um documento no computador – só certifique-se de que não vai acidentalmente compartilhar esses pensamentos no Facebook. Você rapidamente se tornaria motivo de piada entre os seus amigos.

Outra maneira de conseguir maior sintonia com você mesmo é começar a realizar tarefas com a sua mão não dominante. Se você é destro, use a mão esquerda para pentear o cabelo, comer, e realizar outras tarefas simples. Isso vai ajudá-lo a aumentar a sua autoconsciência e a se conectar com a sua mente.

Sonhar acordado também é uma ferramenta útil em conectar-se a si mesmo, mas você deve querer evitar que esses devaneios durem por muito tempo. É fácil permitir que os seus pensamentos fujam de você. Limite-se a cinco a dez minutos de devaneios quando você se deitar antes de dormir. Essa é a oportunidade perfeita para explorar os seus pensamentos mais profundos e ajuda-lo a adormecer.

#4 – Evite o Consumo Excessivo de Qualquer Coisa

Os guerreiros Espartanos acreditavam em moderação. Isso significa evitar o consumo excessivo de qualquer coisa – incluindo drogas, álcool, e até mesmo sexo. Lembre-se, esse é mais um dos lemas Espartanos – nada em excesso.

Como limitar-se de algo que você ama? E como saber se você está exagerando? Dependendo do que for que você estiver tentando limitar, isso vai ser um verdadeiro teste de autodisciplina.

No que diz respeito ao álcool, você nunca deve ficar caindo de bêbado. Quanto mais velho você fica, mais difícil é de se recuperar de uma ressaca. Quando você beber, limite-se a uma ou dias bebidas alcoólicas. Antes de servir outro copo, pergunte-se se isso vai ou não interferir com as suas metas diárias. O mesmo raciocínio pode ser aplicado a qualquer coisa com que você esteja preocupado em consumir excessivamente. Irá impedir que você atinja suas metas ou se mantenha na rotina? Se sim, pare com isso.

#5 – Autocontrole Pode Ser Obtido Por Repetição

Pode ser difícil quebrar velhos hábitos e mudar o jeito que você vive. Para quebrar hábitos antigos, é necessário repetição. Repita os lemas – conheça a si mesmo e nada em excesso. Faça desses pensamentos parte da sua rotina diária, juntamente com todas as outras sugestões dadas por este guia.

Se você aderir ao comprometimento com o seu crescimento pessoal e dar continuidade às suas mudanças, a repetição fará com que essas coisas se tornem parte da sua rotina. Você gradualmente desenvolverá autocontrole através da repetição.

#6 – Identifique As Suas Forças

A maioria das pessoas não sabe no que elas são boas. Em vez disso, apenas conhecem as suas fraquezas. Identificar quais são os seus pontos fortes é muito importante, pois você só pode construir nas forças, não nas fraquezas. Na maioria das vezes, não queremos admitir que não somos muito bons em alguma coisa. É importante que você seja honesto consigo mesmo e siga os seus talentos naturais. Isso não significa que você não deva, ou não possa melhorar as suas fraquezas, apenas significa que se você deseja ter êxito em algo, a sua melhor aposta é fazer alguma coisa para a qual você já tenha uma tendência natural.

#7 – Saiba o que você quer
É importante que você saiba exatamente o que você quer na vida, e em todas as áreas da sua vida. Se você não sabe o que quer e do que gosta, como poderia iniciar um caminho direcionado para tal? Considere todas as coisas que você gosta assim como as que desgosta. Que tipo de comida você gosta? Música? Considere onde você quer viver e o tipo de parceiro que você gosta. Descubra que tipo de pessoa você é: um introvertido ou um extrovertido.

Todas essas são questões importantes a serem perguntadas, e você deve considera-las com muito cuidado, pois precisa saber com clareza o que você quer e do que você gosta para ter uma vida feliz.

Você só pode atingir suas metas se souber o que quer em primeiro lugar. Uma vez que você tenha uma ideia clara de onde quer chegar, como quer viver, você pode identificar quais desafios precisará superar para atingir essas metas.

Uma vez que você saiba o que está na sua frente, você pode se manter focado na tarefa e na recompensa, mantendo a motivação em continuar seguindo o plano e as regras que estabeleceu para si mesmo.

#8 - Descubra como você aprende mais eficientemente

A maioria de nós está ciente que cada indivíduo tem preferência por um estilo e técnicas diferentes de aprendizado que são adotadas para extrair o máximo de cada aula. Muitas pessoas têm uma mistura de estilos de aprendizado, e algumas outras podem ter um estilo dominante no qual usem muito menos os outros estilos. Os seus estilos de aprendizado não são fixos, e não existe uma mistura "correta". Você pode desenvolver a sua habilidade em estilos menos dominantes, ou pode escolher desenvolver ainda mais os seus estilos dominantes, e estilos que você já use eficientemente.

O ensino tradicional tende a usar tanto os métodos de ensino lógicos quanto os linguísticos enquanto o uso de múltiplos estilos de aprendizado é uma abordagem relativamente nova. A maioria das escolas ainda conta com um estilo de ensino baseado em livros que envolve muitas repetições e exames de alta pressão para reforçar e revisar os conteúdos. Isso geralmente leva àqueles que usam métodos de aprendizado menos favorecidos a encontrarem-se em uma espécie de "subclasse" e com rótulos não tão bons, e em alguns casos, com uma qualidade de ensino menor.

Você pode melhorar a velocidade e a qualidade do seu aprendizado simplesmente reconhecendo e entendendo qual estilo de aprendizado funciona melhor no seu caso e é o mais eficiente para você. Fazer isso permitirá que você utilize as técnicas que são mais apropriadas para você.

O seu estilo de aprendizado tem mais influência do que você pode perceber inicialmente, com os seus estilos preferidos guiando a maneira com que você aprende. O estilo em que você aprende melhor muda a maneira com que você representa as suas experiências internamente, afeta o jeito com que você lembra de informações e até mesmo a sua escolha de palavras.

Pesquisas demonstram que cada estilo de aprendizado usa uma parte diferente do cérebro, e ao utilizar múltiplas partes do cérebro enquanto aprendemos, conseguimos lembrar de muitos mais daquilo que aprendemos.

Abaixo está uma lista dos sete estilos de aprendizado com explicações:

1. Visual (espacial) – Se você é um aprendiz visual, você prefere utilizar fotografias, imagens, mapas e cores para se comunicar com os outros e organizar a entrada de informações.

Você acha fácil visualizar objetos e planos. Você terá um bom senso espacial, o que lhe dá um ótimo senso de direção. Você consegue navegar mapas com facilidade, e é raro que você se perca. Você adora desenhar, esboçar e colorir, e tipicamente você tem um bom senso de moda e habilidade de combinação de cores. Carreiras que aproveitam ao máximo o aprendizado visual são fotografia, design, filmes, arquitetura e artes visuais.

2. Aural (auditiva) – Se o seu método preferido de aprendizado é utilizar o estilo aural, então você geralmente gosta de música e de trabalhar com sons. O seu senso de afinação e ritmo é ótimo, e tipicamente, você consegue tocar instrumentos bem, cantar e identificar qual instrumento está produzindo som. Algumas músicas ou estilos musicais têm um efeito emocional em você, e você sempre presta atenção à

música de fundo em filmes e programas de TV. Frequentemente você se pega cantarolando um jingle, uma música ou melodia sem perceber ter começado. Carreiras que utilizam o estilo de aprendizado aural são; tocar, conduzir e compor música, engenharia de som, recursos audiovisuais, canto ou produção musical.

3. Verbal(linguístico) – Esse estilo envolve tanto a palavra escrita quanto falada. Se você prefere aprender desta forma, é fácil a você se expressar verbalmente e por escrito. Você simplesmente ama ler e escrever, e gosta de brincar com o significado de uma palavra ou com o som das palavras, como um trava-línguas. Você conhece as definições de muitas palavras e busca regularmente o significado de outras novas. Em seguida, você usa as novas palavras e frases recentemente aprendidas em conversas com outras pessoas.

Carreiras que aproveitam bem o estilo de aprender verbal são; política, debate, falar em público, escrever e jornalismo.

4. Físico (sinestésico) – Se o estilo físico é o mais adequado a você, é muito provável que você use o seu corpo juntamente com seu senso de tato para explorar e aprender sobre o mundo a sua volta. Você gosta de exercícios e esportes, e de outras atividades físicas como nado ou jardinagem. Você gosta de pensar nos problemas, assim como ideias e planos, enquanto se exercita. Se algo está lhe incomodando, você prefere sair para uma caminhada ou corrida em vez de ficar sentado em casa. Você é mais sensível ao mundo físico ao seu redor do que a maioria das outras pessoas. Você gosta de agir e sujar suas mãos, e tende a perceber e apreciar texturas como o tecido de roupas ou mobília. Você gesticula e usa outros tipos de linguagem corporal para se

comunicar. Você não é muito tímido para dançar e gosta quando tem a oportunidade. Ou você ama a euforia de brinquedos radicais em parques temáticos, ou eles lhe deixam tão transtornado que você os evita completamente. Você prefere desmontar e depois remontar um motor do que ler todo o manual de instruções olhando para diagramas sobre como tudo funciona. Carreiras que favorecem o estilo de aprendizado físico são; trabalhos físicos, mecânica, construção ou reparos, esportes, teatro ou dança.

5. Lógico (matemático) —Se a sua preferência é aprender utilizando o método lógico, você gosta de usar o seu cérebro para raciocínio matemático e lógico. Você reconhece padrões e conexões entre conteúdos aparentemente insignificantes com facilidade. Você classifica e agrupa informações para lhe ajudar a aprender e entender.

Você é muito bom com números, e consegue resolver cálculos complexos. Você sabe e se lembra das bases da trigonometria e álgebra, e consegue realizar cálculos moderadamente complexos de cabeça. Você ataca os problemas de maneira sistemática, e cria procedimentos para uso futuro. Você fica feliz em estabelecer alvos numéricos e orçamentos, e você observa o seu progresso em direção a essas metas. Você aprecia criar agendas, cronogramas, e listas de coisas a fazer, e tipicamente você ranqueia-as e numera-as antes de coloca-las em ação. Você percebe lógicas falhas nos trabalhos alheios, quer sejam palavras ditas, escritas, ou ações, e algumas vezes você as aponta para as pessoas (nem sempre para a diversão delas). Você gosta de jogos como quebra-cabeças, xadrez e gamão. Aqueles com um forte estilo de aprendizagem lógica são mais propensos a seguirem as seguintes carreiras; matemática, ciências, contabilidade, trabalho detetive, direito, e programação computacional.

6. Social(interpessoal) – Se você prefere um estilo de aprendizado social, você se comunica bem com os outros, verbalmente e não verbalmente também. As pessoas tendem a escutar você e lhe procuram para conselhos, e você é sensível às suas emoções e motivações. Você é um bom ouvinte, e entende os pontos de vista alheios. Você gosta de ser mentor e aconselhar outros. Você prefere aprender com outras pessoas em um ambiente de sala de aula ou em grupos, e gosta de passar tempo diretamente com o professor ou instrutor. Para melhorar o seu aprendizado, você expõe as suas ideias àqueles ao seu redor e escuta a como respondem. A sua preferência é trabalhar em

grupo para resolver problemas e trabalhar ideias. Você gosta muito de trabalhar com um grupo de pessoas que realmente "clicam" juntas. Você prefere realizar atividades em grupos sociais a sair sozinho. Tipicamente, você gosta de participar em jogos que envolvem outras pessoas, como cartas ou jogos de tabuleiro, assim como esportes coletivos. As carreiras para pessoas que aprendem mais eficientemente através desse estilo incluem; docência, psicologia, treinamento ou coaching, vendas, política e recursos humanos.

7. Solitário (intrapessoal) – Se você aprende melhor usando o estilo solitário, você é uma pessoa mais privada, introspectiva e independente. Você se concentra muito bem e consegue focar seus pensamentos e sentimentos no tópico em questão. Você está ciente dos próprios pensamentos, e analisa de diferentes maneiras o jeito que

você pensa e que se sente. Você passa muito tempo fazendo autoanálise, muitas vezes refletindo o passado e em como você lidou com certos eventos. Você tira um tempo para analisar os seus próprios desafios e conquistas. Você mantém um diário ou alguma espécie de arquivo onde registra eventos e pensamentos. Você gosta de passar tempo sozinho e tem um hobby pessoal. Você prefere viajar para lugares remotos, longe de multidões. Você sente em seu coração que conhece a si mesmo e é um pensador independente. Você pode participar, ou já participou de seminários de autodesenvolvimento, e leu livros de autoajuda e usou outros métodos para desenvolver um conhecimento mais profundo sobre si mesmo. Você tende a se recolher para um espaço quieto para pensar em como resolver problemas e achar possíveis soluções. Algumas vezes você pode passar tempo demais tentando resolver um problema que poderia ser resolvido mais facilmente com a ajuda de outra pessoa. Você gosta de estabelecer metas e fazer planos. Você sabe em qual direção está indo em seu trabalho e na vida. Você prefere trabalhar para si mesmo, e sente um grande descontentamento se não souber para onde está indo a sua vida a qualquer momento. Para aqueles com um estilo solitário bom e forte, as carreiras mais prováveis são; autor, pesquisador, oficial de segurança, patrulheiro. É muito comum que as pessoas que mais se destacam em qualquer área sejam aquelas que usam o estilo solitário juntamente com algum outro estilo mais dominante.

Pense nas suas experiências passadas e considere eventos em que adquiriu novo conhecimento e ideias. Você consegue pensar em uma ocasião em que aprendeu algo e não esqueceu mais? Você ainda se lembra? Agora, com cuidado, descubra qual ou quais estilos de aprendizado se encaixam mais a você, e uma vez que você tenha esse conhecimento, não haverá nada impedindo que você tome o caminho certo em direção às suas metas físicas e mentais. Uma vez que você tenha descoberto, certifique-se de usar isso como vantagem!

#9 – Supere Crenças Limitantes

Determine e supere o que o estiver impedindo de alcançar seus objetivos. Você está dizendo a si mesmo que não consegue? Você está criando uma infinidade de desculpas para não se permitir atingir seus sonhos? Descubra o que você está fazendo para se sabotar e supere essas crenças fazendo um plano sólido para chegar nos seus objetivos. Siga o caminho de alguém que tenha superado desafios similares e aprendido com eles. Entenda que do jeito que você está agora não é como você estará no futuro. Você pode mudar o seu curso, mas tem que identificar e entender o que o está impedindo de chegar onde quer. Faça um plano em que diariamente você possa dar um passo em direção aos seus objetivos.

#10 – Conheça a Si Mesmo e Nada em Excesso

"Conheça a si mesmo" e "Nada em excesso" são as frases inscritas na entrada do Templo de Apolo, em Delphi, de acordo com a lenda popular. Essas frases deveriam ser cuidadosamente consideradas por aqueles que adentravam o templo. Pensa-se que o templo deva ter sido construído sobre uma fonte, a qual o oráculo e os sacerdotes usaram em cerimônias de purificação.

O Oráculo de Delphi é considerado como uma figura histórica de grande importância, e encoberto em mistério até os dias de hoje. Ela é representada falando pelo Deus, Apolo, e se acredita que respondia questões para os Gregos referentes aos assuntos de colonização, religião e poder. Hoje em dia, é discutido se ela recebia as palavras de Apolo por sugestão ou alucinação.

Conheça a Si Mesmo

Aqueles de nós que possuem a habilidade de entender a si mesmos e verdadeiramente entender quem são, possuem inteligência pessoal, e com ela podem avaliar outras pessoas com precisão e, portanto, ser mais tolerantes às suas falhas de caráter. Também são melhores em reconhecer as próprias limitações. Se você possui esse tipo de talento de poder da razão, você pode fazer melhores suposições sobre como outras pessoas provavelmente vão se comportar. Você também deve ter uma boa ideia de como os seus amigos, conhecidos e colegas o percebem e sabe a sua reputação. Em um nível mais profundo, você deve reconhecer que as suas percepções sobre as pessoas ao seu redor podem requerer revisões ocasionais.

Enquanto manter um modelo de outras pessoas com a maior precisão possível é útil, ultimamente nós precisamos saber quem somos por dentro para encontrarmos o nosso caminho na vida. Explore a si mesmo. Descubra quem você é no interior, identifique o seu estilo de aprendizado e decida quais são as suas verdadeiras metas e vontades na vida. Somente assim você estará pronto para viver com o espírito de um Espartano.

Nada Em Excesso

Outro importante princípio de vida é a moderação. Isso se refere ao processo de diminuir ou eliminar extremos. Fazer coisas em moderação significa não faze-las em excesso. Um exemplo disso é alguém moderando o seu consumo de comida, de maneira a incluir todos os grupos alimentares na sua dieta, mas sem consumir uma quantidade excessiva de calorias em um dia.

Quando os Gregos diziam "nada em excesso", era para isso ser aplicado a todos os aspectos da vida; em política, cultura, ética, arte, arquitetura e psicologia. Esse dizer, juntamente com o anterior, afirma a importância do comedimento. Comedimento se refere à habilidade de estar acima dos pensamentos, paixões e ações e moderá-los. Quando fazemos isso, nós conscientemente moderamos nossos pensamentos e ações usando uma forma de percepção transcendental, algo muito melhor e mais superior do que o ego comum.

Pense sobre como você faz coisas em todas as áreas da sua vida. Considere como você pode limitar certas coisas que faz em excesso, especialmente se forem coisas que fazem mal a você ou têm uma influência negativa na sua saúde. Por exemplo, beber refrigerante é ruim para você, mas também é algo que você aprecia. Se você não quiser eliminar o refrigerante, tente ao menos limitar e moderar o seu consumo.

Uma vez que você saiba exatamente o que quer da vida, e tiver descoberto com sucesso quais são as suas forças e fraquezas, você então pode decidir qual a melhor técnica de aprendizado no seu caso. Fazer isso irá maximizar a retenção de informações novas, e você poderá dizer com honestidade que conhece a si mesmo. Logo você será capaz de completar todos os desafios com que se deparar, construindo a sua autoconfiança e o seu espírito Espartano enquanto segue em direção ao sucesso.

Faça Mudanças na Sua Rotina Diária e Quebre Maus Hábitos

O que significa mudar a sua perspectiva e panorama da vida? Significa fazer um esforço consciente para ajustar a sua rotina diária, seus hábitos e a maneira que você vive a sua vida. Isso não significa mudar a sua moral ou seus valores pessoais.

Capítulo #4: Mantenha-se Motivado

Você vai ouvir repetidamente que precisa de comprometimento, foco e dedicação para se tornar mais disciplinado. Você irá precisar se manter motivado se quiser alcançar seus objetivos e encontrar sucesso na vida.

As sugestões seguintes irão ajuda-lo a se manter motivado, mas elas não dão atalhos. Não existem atalhos na vida. Você é quem vai precisar acordar todos os dias e focar em conquistar seus objetivos. Com isso em mente, aqui estão algumas dicas para ajudar a aumentar a sua motivação:

1. Foque em um objetivo por vez
2. Descubra a sua inspiração
3. Aumente a antecipação sobre seus sucessos
4. Nunca desista
5. Leia frases motivacionais diariamente
6. Livre-se de pensamentos negativos
7. Foque nos benefícios
8. Construa o seu sucesso
9. Prepare-se para falhar

10. Conte às pessoas sobre seus planos

#1 – Foque em um objetivo por vez

Comece com um objetivo de cada vez. Tentar fazer coisas de mais ao mesmo tempo pode sobrecarregar você. Seja razoável consigo mesmo, mas também se esforce.

Quando você começar a fazer um esforço para atingir suas metas, escolha uma meta na qual focar a sua atenção. Isso pode ser completar o seu primeiro dia de exercícios, fazer mudanças na sua dieta, ou qualquer outra meta de curto prazo.

#2 – Descubra sua inspiração

Encontre uma fonte de inspiração. Por que você quer mais autocontrole? Encontre uma razão para o seu desejo de melhorar a sua força de vontade. Você quer conquistar a autodisciplina de um Espartano para ter sucesso em todos os aspectos da vida ou você tem um propósito específico? Algumas pessoas podem querer ter uma melhor aparência física, enquanto outras podem querer se tornar "machos alfa". Qualquer que seja a rua razão, tense com cuidado sobre a sua inspiração e use-a como motivador para ajuda-lo a atingir suas metas.

Qual é a sua principal inspiração? Você pode querer adicionar a sua resposta à essa pergunta na sua lista de objetivos, para que tenha um lembrete diário de por que você está tentando melhorar a sua vida.

#3 – Aumente a antecipação sobre seus sucessos

Aumente a antecipação sobre os seus sucessos. Quando você estabelece um prazo para uma meta, fique animado sobre a conclusão dela. Prepare uma recompensa para si mesmo para aumentar a sua antecipação. Isso pode ser praticamente qualquer coisa, desde que não prejudique o seu caminho em direção às outras metas.

Alguns exemplos de recompensas incluem algumas horas jogando videogame, uma refeição especial, um novo aparelho eletrônico, ou passar algumas horas na praia. Invente algumas maneiras diferentes de aumentar a sua antecipação e você vai perceber que trabalha mais duro para atingir seus objetivos.

#4 – Nunca desista

Você nunca pode desistir. Se mantenha firme a todo custo. Lembre-se que um guerreiro Espartano não desistiria. Parte de se manter comprometido é adquirir a autodisciplina para continuar perseguindo tudo o que você quer atingir. Isso deve ser aplicado a tudo o que você faz – não importa quão pequena seja a tarefa.

#5 – Leia frases motivacionais diariamente

Encontre algo motivacional para ler todos os dias. Isto pode ajudar a levantar seu ânimo quando você não estiver se sentindo motivado o suficiente para seguir com seus planos. Aqui estão algumas mensagens que você pode usar, tente achar outras mensagens motivacionais como parte da sua busca por mais conhecimento.

- Mesmo que você ache que está no caminho certo, você vai ser atropelado se ficar parado no mesmo lugar.

- É mais fácil mudar de curso e retomar a caminhada do que começar tudo do zero.
- Você só verá os obstáculos se tirar os olhos da meta.
- O sei desejo por sucesso precisa vencer o seu medo do fracasso.

Você pode usar essas mensagens motivacionais para ajuda-lo a encontrar a força e autodisciplina para dar continuidade à tarefa atual, mas não dependa demais delas. Você deve ser forte o suficiente para se manter no caminho certo sem precisar de lembretes constantes.

#6 – Livre-se de pensamentos negativos

Livre-se imediatamente de pensamentos negativos e substitua-os por pensamentos positivos. Quase todos os pensamentos e emoções negativas são inúteis para as suas metas de adquirir a disciplina de um soldado Espartano. Isso inclui sentimentos de ódio, inveja e amargor. Você não tem tempo para esses pensamentos. A maneira mais fácil de se livrar dos pensamentos negativos é fazer um esforço consciente para reconhece-los. Quando isso acontecer, respire fundo e substitua o pensamento negativo por um positivo. Você pode até tentar inverter um pensamento negativo em positivo. Se você pensar, "eu não consigo fazer isso", substitua por "um Espartano conseguiria fazer isso e eu também vou conseguir".

#7 – Foque nos benefícios

Foque nos benefícios de alcançar seus objetivos e aumentar o seu autocontrole. Como inspiração, pense nos benefícios que você terá. Isso inclui aumentar a sua força, ficar em melhor forma, aumentar o seu conhecimento, melhorar a sua autoestima e adquirir controle sobre si mesmo através de disciplina e comprometimento.

#8 – Construa o seu sucesso

Construa o seu sucesso. Fracione as suas metas em metas menores e vá construindo em direção ao sucesso de cada uma delas. Isso aumenta a sua motivação e as chances de êxito em aumentar a sua disciplina.

#9 – Prepare-se para falhar

Esteja preparado para o fracasso e não deixe isso lhe afetar. A ideia de que você precisa aprender com o fracasso é um conceito repetido. Isso é para reforçar a mensagem no seu cérebro. Algumas pessoas ficam desencorajadas muito facilmente. Nunca use o fracasso como uma desculpa. Use-o como uma maneira de melhorar da próxima vez e se tornar uma pessoa melhor.

#10 – Conte às pessoas sobre seus planos
Como uma dica final para ajudar na motivação – deixe que as pessoas saibam sobre os seus planos. Se você contar para todo mundo que você sabe que vai parar de fumar ou beber, você é mais propenso a realmente dar continuidade aos seus planos. Você não quer parecer alguém fraco que não conseguiu se comprometer com suas metas.

Capítulo #5: Juntando Todos os Elementos

Nas seções anteriores, nós falamos muito sobre a criação de metas e sobre o que você pode fazer na sua missão de adquirir mais disciplina como aquela dos Espartanos. Nesse capítulo, nós iremos tentar lhe dar ideias concretas sobre como você pode começar a organizar os seus objetivos de forma que você consiga tomar passos definitivos o quanto antes.

Além disso, nós esperamos ter lhe ensinado muito sobre atingir suas metas físicas. Nós tentaremos falar sobre como você pode mudar a sua dieta e manter o seu peso ideal uma vez que você o atinja. Nós também falaremos sobre a criação de uma rotina de exercícios adequada e sobre como você pode rastrear o seu progresso sem dificuldade. Vá em frente e continue lendo. Tenho certeza eu você não se arrependerá.

A Ideia de Estabelecimento de Metas
Estabelecer uma meta para si mesmo pode parecer uma tarefa fácil. Entretanto,

pode ser consideravelmente difícil. Isso ocorre especialmente quando você possui muitas distrações na vida; distrações que podem lhe desviar de viver os seus sonhos e ter o corpo que sempre sonhou.

Os Diferentes Tipos de Distração

Nesta sessão nós iremos lhe dar uma ideia de que tipo de distrações podem lhe impedir de atingir o seu corpo ideal e como desviar delas no longo prazo.

As Distrações Físicas

Primeiramente, existem as distrações chamadas de físicas. Esse tipo de entretenimento pode fisicamente lhe impedir de fazer o que precisa ser feito para melhorar a si mesmo. Por exemplo, doenças assim como bloqueios físicos podem e vão desencorajar você a se mover. A ideia é você identificar essas distrações físicas e lidar com elas assim que possível. Ao fazer isso, você estará apto a chegar um passo mais próximo das suas metas.

As Distrações Mentais

Esses são os tipos de distrações que não podem ser vistas a olho nu. Essas são aquelas emoções que você sente interiormente. Estresse, medo, raiva, e todas as outras emoções negativas podem dificultar que você de conquistar maior melhora. Além disso, uma distração mental pode se referir aos problemas psicológicos que podem se tornar obstáculos para você fazer o que precisa na vida. Como mencionado nos capítulos anteriores, a motivação é um dos fatores importantes que pode ajuda-lo a atingir a autodisciplina. Entretanto, se você não se sente motivado devido a sentimentos negativos que você nutre, as chances são grandes de que você não atinja os seus objetivos por completo.

Claro, você também pode ser distraído por seus pensamentos. Paranoia pode paralisar pessoas e prevenir que façam o que deveriam estar fazendo. Por exemplo, se você está com medo do fracasso, provavelmente você não vai conseguir tentar melhorar a si mesmo. Você deve aprender a enfrentar seus medos antes de fazer os exercícios de melhoramento pessoal que irão lhe ajudar a se tornar uma versão melhorada de si mesmo no futuro.

Enfrentando Seus Medos

Enfrentar seus medos pode ser difícil no começo. Porém, uma vez que você o faça, você estará livre para estabelecer suas metas adequadamente. Como fazer isso? Expondo-se ao que você mais teme. Por exemplo, se você tem medo da dor, permita-se sentir dor física gradualmente até que o seu corpo desenvolva tolerância. O que destaca os Espartanos é que eles eram expostos a mais dor e dificuldades que a maioria das pessoas. Em razão do seu treinamento, os corpos deles foram preparados para atividades rigorosas, e por isso se tornaram corajosos. É dito que uma vez que você passe por um treinamento Espartano, você será capaz de enfrentar qualquer coisa, o que é verdade.

Agora você já deve ter uma boa ideia do que significa ter disciplina como um Espartano, mas como você pode colocar tudo isso junto e aplicar ao seu estilo de vida? Na verdade, pode ser mais fácil do

que você pensa, se você pensar em cada sessão como uma categoria diferente.
Foque o seu tempo e energia nas seguintes quatro categorias:
- Estabeleça metas
- Escolha uma dieta balanceada
- Crie uma rotina de treinos
- Acompanhe o seu progresso

Estabeleça metas
A primeira coisa que você precisa fazer é estabelecer os seus objetivos. Passe por todas as sugestões desse guia e determine que mudanças você precisa fazer na sua vida. Você precisa perder peso, construir músculos, aumentar seu conhecimento, aprender senso comum, aprender a como evitar tentações, adquirir motivação, ou qualquer outro dos passos listados nos capítulos anteriores? Lembre-se de ser honesto consigo mesmo e criar metas detalhadas – agrupando-as em metas de curto prazo, longo prazo e metas de vida.
Agora que você se livrou do medo, pode estabelecer metas apropriadamente. Aqui estão alguns dos passos mais efetivos para você determina-las.

Aprenda a focar-se

Soldados Espartanos são conhecidos por sua enorme força mental e foco. Eles podem completar qualquer tarefa sem serem distraídos. Eles não deixam que nada os perturbe, e por essa razão são bons guerreiros.

Se você quiser atingir o mesmo nível de clareza mental e foco, você deve estar disposto a tomar medidas drásticas para atingir a sua meta. Aqui seguem algumas medidas:

Tenha sempre uma mente de mão-única. O que quero dizer com isso é que você deve sempre estabelecer suas metas e fazer tudo que estiver no seu poder para alcança-las sem hesitação. Por exemplo, se você quer se tornar melhor em qualquer atividade física, você deve estar disposto a passar o máximo de tempo possível melhorando a sua performance. Não deixe que nada lhe distraia da sua meta.

Complete metas de curto prazo

É bom tentar atingir metas de curto prazo antes. Dessa forma, você vai achar que as suas metas se tornam mais fáceis de serem atingidas no final das contas. Algumas vezes, pensar sobre o futuro é mais uma distração por si só. Para lidar apropriadamente com esse problema, é interessante que você leve as coisas um dia de cada vez, passando por desafios que você pode ter que enfrentar durante o seu treinamento.

Também pode ser útil que você visualize quem quer se tornar. Dessa maneira, você será capaz de ter uma ideia sólida quanto a como você aspira ser fisicamente. Mais uma coisa que pode ajudar é buscar inspiração em outras pessoas a quem você queira emular.

Por exemplo, se você quer ter o corpo do The Rock, você pode imaginá-lo treinando com você. Dessa forma, você será inspirado a seguir em frente com seu treinamento apesar de quaisquer dificuldades que possa enfrentar enquanto tenta alcançar o seu objetivo final.

Concentre-se na solução
Para conquistar foco, você também pode pensar sobre como você poderia resolver o problema em questão. Por exemplo, se você está em uma corrida e está tentando chegar à linha final, pergunte-se qual seria a melhor rota que você poderia tomar para tal. Redirecionar os seus pensamentos certamente irá desviar a sua mente do estresse do treinamento físico pelo qual você tem que passar para se tornar condicionado como um guerreiro.

Lembre-se que o seu único inimigo é você mesmo
Se você quer se tornar um herói, a única maneira de atingir isso é competir consigo mesmo. Você deve sempre querer atingir um ponto mais alto do que já alcançou anteriormente. Por exemplo, se você pode treinar e se exercitar por 5 horas em um dia, tente aumentar o seu tempo de treinamento em semanas intercaladas.

Além disso, se você gosta de levantar pesos, você deve dar o seu melhor para aumentar os pesos com o tempo. Tente não fazer sempre o que você já está acostumado. Sempre pense fora da caixa. Dessa forma, você não só irá melhorar fisicamente, mas mentalmente também. A chave aqui é se desafiar. Quanto mais estresse o seu corpo é exposto, mais forte eventualmente irá se tornar.

Espartanos eram conhecidos por serem indivíduos duros com extremo foco em força física e batalha. Então se você quer desenvolver um corpo como o deles, você deve viver, comer e respirar seu treinamento. Você não deve pensar em mais nada a não ser melhorar a si próprio e então estará apto a enfrentar o desafio.

Opte por uma dieta balanceada

Elimine as porcarias e foque em uma dieta balanceada. Isso primariamente significa forcar em uma dieta que inclua muita carne e produtos frescos.

O que um guerreiro Espartano comeria? Eles normalmente consumiam o que quer que conseguissem encontrar. Como parte do seu treinamento, eles eram encorajados a roubar comida. Obviamente, você não deve roubar comida. Então nessa área você deve pensar como um homem moderno. Elabore uma dieta balanceada ao redor de carnes, frutas e vegetais frescos, e carboidratos e gorduras saudáveis.

Você precisa de proteínas e carboidratos para ganhar músculos, mas carboidratos demais podem ficar no caminho das suas metas físicas. Você também precisa de gorduras saudáveis, tais como ácidos graxos ômega-3 e outras formas de gorduras não saturadas. Essas gorduras podem ser encontradas em peixe, abacate, molho de salada e azeite de oliva. Crie um plano de refeições que atinja os seus requerimentos calóricos diários. O homem médio deve consumir pelo menos 2.500 calorias por dia. Se você está focando em construir músculos, você pode ter que aumentar para 3.000. Se você é sério quanto a construir músculos você definitivamente deve contar as calorias e os macro nutrientes. A internet está cheia de diferentes tipos de calculadoras de calorias.

A Importância da Dieta

Como mencionado anteriormente, a dieta dos guerreiros espartanos era alta em energia e proteínas. A energia vinda dessas refeições permitia que fizessem tudo o que fosse preciso sem se sentirem lentos ou fracos após algumas horas de treino. Aqui estão alguns exemplos de comidas que você precisa incluir na sua dieta se quiser ser como um Espartano.

<u>Magnésio</u>

Aumentar o seu consumo de magnésio pode aumentar a sua energia também. Ele irá melhorar o seu sistema imune e protege-lo de doenças e infecções. Exemplos de alimentos ricos em magnésio:

- Amêndoas, castanhas de caju, avelãs e as frutas e vegetais relacionados podem lhe fornecer todo o magnésio de que você precisa. Foque em consumir vegetais folhosos também se quiser ter mais vitaminas e minerais em seu corpo.
- Grãos integrais e cereais
- Peixe e frutos do mar

Ter esses alimentos na sua dieta pode lhe dar toda a energia que precisa para sobreviver ao treinamento.

<u>Água</u>

Também é importante que você beba muita água. A medicina moderna afirma que você deve beber no mínimo de 8 a 10 copos de água por dia. Ingerir líquidos ajudará a repor a quantidade de água que você perde toda vez que treina. Não ter água suficiente pode causar dores de cabeça e tontura, então certifique-se de encher os seus estoques regularmente.

<u>Vitamina D</u>

A vitamina D irá aumentar os seus níveis de testosterona. Uma coisa que ajuda é você se expor ao sol frequentemente. Preferencialmente pelas manhãs (7 às 9). Exposição regular ao sol fortalece os seus ossos por permitir que você absorva mais cálcio.

Consumir produtos laticínios também pode ajudar. Espartanos eram saudáveis por que conseguiam manter uma dieta totalmente natura, livre de conservantes. Você deve tentar consumir alimentos orgânicos também. Enquanto tudo que mencionei sobre essa dieta é altamente recomendado, eu sugeriria que você consulte um nutricionista para planejar melhor o que você deve ingerir durante seu treinamento Eu não sou nutricionista, então seria bom que você consultasse um profissional para ter uma melhor visão de como uma dieta adequada deve ser.

Crie uma Rotina de Treinos

Juntamente com o pensar como um Espartano e aquisição da disciplina que tinham, você irá precisar colocar algum foco em aumentar as suas capacidades físicas. Crie uma rotina de treinos à qual você consiga aderir. Essa é a melhor maneira de montar uma rotina bem equilibrada que irá trabalhar todas as partes do seu corpo.

Aqui estão alguns exemplos de exercícios básicos juntamente com vários obstáculos que os Espartanos tinham que superar para atingir a sua forma física final.

As Três Fases Principais do Treinamento Espartano

Fase Um: Desenvolver Força

Se você quiser se tornar tão forte quanto um Espartano, existem alguns passos que você tem que tomar para se transformar. É crucial que você não ignore nenhuma dessas medidas para que o plano seja bem-sucedido. Caso contrário, você irá voltar à estaca inicial mais rápido do que pode imaginar.

Aqui estão algumas coisas que você precisa se lembrar para desenvolver a sua força como a de um Espartano.

Se você quiser desenvolver a sua força, você terá que fazer duas coisas principais nesse regime. Primeiramente, você tem que aumentar o seu peso e fazer mais repetições quando se exercitar. Essa prática irá construir, não apenas o seu corpo fisicamente, mas também a sua resistência e tensão muscular. Nesta sessão, nós iremos começar com um plano de 12 semanas para aumentar com sucesso a massa muscular e potência do seu tronco e braços sem dificuldade.

Quer você seja muito magro, quer você já tenha um aspecto robusto, desenvolver suas forças é importante quando falamos de adquirir agilidade Espartana. Espartanos são conhecidos por serem como gigantes. Eles eram conhecidos por sua capacidade de suportar múltiplas horas de atividade extenuante todos os dias. Então se você quiser ser como eles, você deve viver e respirar treinamento de força sem hesitação.

Aqui estão alguns exemplos de exercícios para desenvolvimento de força que você pode fazer por conta própria em sua casa. Isso mesmo, você não tem que ir para a academia apenas para desenvolver força e resistência. Realizar essas simples atividades irá lhe ajudar a desenvolver mais massa muscular.

Os Quatro Maiores

Inicialmente, você deve se familiarizar com os quatro exercícios básicos do treinamento de força. Eles são: agachamento, supino, desenvolvimento de ombros, e levantamento-terra. Se você é um iniciante, séries de 5 a 10 repetições são suficientes. Entretanto, se você quiser desenvolver a sua força como aqueles em Esparta, quanto mais repetições fizer, melhor.

Agachamento

Como parte dos quatro maiores, esse é um importante exercício com o qual você deve se familiarizar o máximo possível. Essa série de atividades é a segunda parte do regime de 12 semanas que você pode fazer para alcançar a agilidade e poder de um Espartano. Você pode optar por começar devagar, fazendo 10 a 15 repetições para cada perna. Entretanto, uma vez que o seu corpo se habitue com esse tipo de esforço, você certamente se tornará capaz de fazer mais.

Para fazer agachamentos apropriadamente, nós iremos lhe dar alguns passos simples a serem seguidos abaixo.

- Primeiramente, você precisa ficar em pé com os pés separados, levemente mais abertos que o seu quadril. Aponte a ponta dos pés levemente para fora, cerca de 5-10°.

- Mantenha as costas retas, com a coluna em posição neutra.
- Foque em um ponto a sua frente e mantenha o olhar nesse ponto enquanto estiver fazendo os agachamentos.
- À medida que você agacha, concentre-se em manter os joelhos em linha com as solas dos seus pés.
- Presumindo que você é um iniciante, você certifique-se de não deixar que os joelhos "caiam" para dentro.

Como mencionado anteriormente, você pode fazer isso por 5-10 vezes até que sinta queimação nas pernas e quadris.

Nesta sessão, iremos focar nos benefícios do agachamento. Como você será capaz de desenvolver força através desse exercício? O que mais você pode fazer para melhorar ainda mais os benefícios do agachamento?

Mais comumente que não, as pessoas tendem a pensar que o agachamento é limitado a ser um exercício para as pernas. Entretanto, ele é considerado um exercício de corpo inteiro por si só. A razão é por que agachar é um movimento composto. Um movimento que utiliza mais de uma articulação para ser realizado.

O agachamento com peso do corpo
Essa simples ação usa quase todos os músculos do seu corpo. Adicionar halteres ou barras à equação pode aumentar tremendamente a atividade muscular. Além dos músculos das pernas, você irá usar os músculos das costas e abdome, assim como seus ombros e braços. A prática regular desse exercício irá desenvolver a sua força com o passar do tempo.

Levantando Pesos
Essa nova atividade é parte do seu programa de desenvolvimento muscular. Como mencionado anteriormente, você deverá aumentar seu peso. Esse pré-requisito significa que você deve aumentar a sua massa corporal tanto quanto for possível.

Caminhada
É a coisa mais simples que você pode fazer para aumentar a sua energia. Não é necessário que você caminhe por muitas horas por dia. Em alguns casos, uma caminhada rápida de 10 minutos já irá ajudar a melhorar os seus níveis de energia mais do que você espera. Engajar-se em qualquer atividade física também irá aumentar seus níveis de energia.

Sono
Descansar bastante pode lhe dar tempo para recarregar as baterias. Aprender a ir com calma é a razão principal pela qual o descanso deve ser uma parte importante da sua rotina diária. Você pode dormir por 8 horas completas, ou tirar alguns cochilos se não quiser parar o treinamento por tanto tempo. Também é recomendável ir dormir o mais cedo que você puder.

Não Pule Refeições
Em adição a isso, você deve se certificar de não pular nenhuma refeição durante o dia. Se você fizer isso, irá

depletar significativamente a sua energia, o que lhe fará se sentir mais fraco do que deveria. Se alimentar corretamente é vital para a manutenção da força. Portanto, se você quiser se tornar fisicamente como um guerreiro Espartano, você deve se tornar consciente a respeito do que come.

Você não tem que se privar. Só tenha certeza que está comendo tudo nas quantidades adequadas.

Essas são apenas algumas das muitas dicas que você pode usar para aumentar a sua energia e preparar o seu corpo para o treinamento físico. Antes de embarcar em mudanças dietéticas, não esqueça de consultar um nutricionista e um médico também. Dessa forma, você continuará salvo de efeitos colaterais excessivos das mudanças significativas no seu estilo de vida.

Começando os Treinos

Se exercitar todas as manhãs irá aumentar a sua produtividade. Essa mudança na sua agenda irá permitir que você faça mais atividades físicas antes mesmo do seu dia começar. Aqui estão alguns exercícios que você pode fazer todas as manhãs para aumentar a sua força a energia para o dia.

Pedalar
Você pode realizar essa atividade física diariamente. Ela não só irá ajudar a reforçar os músculos flexores das suas pernas, como também aumenta significativamente a sua taxa metabólica basal para que você queime calorias mais rapidamente que o normal.

Uma das muitas razões pelas quais as pessoas ficam acima do peso é por que elas tendem a não se movimentar o suficiente em suas vidas.

O estilo de vida sedentário terá um impacto significante no seu peso, com certeza. Se você continuar sem fazer qualquer atividade física, há grandes chances de que você se torne vagaroso e lento. Esse problema surge porque as articulações do seu corpo acabarão não sendo utilizadas de maneira suficiente para que funcionem adequadamente. Pense nisso como parafusos sem óleo. Por causa disso, eles eventualmente irão enferrujar e não serão mais capazes de rotacionar corretamente. Você que que isso aconteça ao seu corpo? Pedalar certamente vai ajudar a aliviar as suas preocupações.

Dançar

Além de pedalar, você também pode dançar. Além de deslizar, essa é a forma de exercício mais dinâmica que você pode fazer. Embora os Espartanos não fossem conhecidos por suas habilidades de dança, com certeza eles treinavam muito uns com os outros. Ao fazer isso, eles aprendiam a sincronizar seus movimentos para que pudessem se mover como como um só durante a batalha.

Quando você dança, seja sozinho ou com um parceiro, você aprende a sincronizar seus movimentos à batida da música. Você pode coreografar tanto os seus movimentos para que não perca um passo. Isso também irá lhe ajudar a focar nas suas ações ainda melhor. A razão pela qual a dança é uma das melhores formas de exercício é porque você pode fazer por si mesmo. E posso honestamente dizer que é a forma mais divertida também. Então se eu fosse você, eu colocaria meus sapatos de dança e começaria a me aquecer agora mesmo.

Trotar e Correr

Se você quiser desenvolver a musculatura e pernas, você deve fazer uso delas regularmente. Trotar e correr lhe darão o que você precisa no âmbito de desenvolvimento físico para pernas e panturrilhas. Fazendo isso por 30 minutos todas as manhãs fará maravilhas para a parte inferior do seu corpo. Se você não está com vontade de correr, pode sempre realizar técnicas de caminhada rápida para compensar. A coisa mais importante a ser lembrada é que você deve sempre tentar movimentar seu corpo o máximo possível. Dessa forma, você não acabará com atrofia muscular, especialmente nessa área do corpo.

Mudar a sua dieta e levantar alguns pesos também vão ajuda-lo a atingir essa meta. Entretanto, primeiramente vamos focar em mudar o que você come.

Durante a era Espartana, homens eram conhecidos por serem grandes caçadores. Portanto, é seguro dizer que eles gostavam de comer tudo o que caçavam. Qualquer tipo de carne pode ser uma excelente fonte de proteínas, o que vai ajudar a aumentar a sua massa muscular significativamente. Então se você quiser aplicar essa escolha alimentar à sua dieta para construir o seu corpo, vá em frente.

Juntamente com a alteração na dieta, vêm os levantamentos. Você pode tanto usar halteres quanto barras. Para um iniciante, sugiro que utilize halteres, que são significantemente menores que a barra. Faça isso por meia hora a cada dia com 10 a 15 repetições para atingir suas metas.

A chave para desenvolver massa muscular é tanto a qualidade quanto a quantidade. A repetição irá fazer maravilhas em aumentar o seu peso corporal de maneira muito mais saudável. Se você levanta pesos e faz agachamentos corretamente, você vai ser capaz de sentir os efeitos relativamente cedo. Essas são apenas algumas das atividades físicas mais importantes que podem ajuda-lo a atingir a primeira fase da sua mudança de vida Espartana.

Na próxima sessão, iremos discutir a segunda fase da sua transformação. Esses grupos de obstáculos são o que você pode chamar de atividades desenvolvedoras metabólicas e de mobilidade. Continue lendo para aprender mais.

Fase Dois: Desenvolver o Metabolismo e Melhorar a Mobilidade

Parte em ter força e agilidade é ter a habilidade de se movimentar com muita facilidade e conforto. Uma vez que você comece a aumentar o seu poder físico, é hora de se orientar com mais atividades físicas que possam ajudar a manter um bom tônus muscular.

Espartanos são muito conhecidos por seus corpos bem tonificados, além da sua proeza física. Você sabe como eles conseguiam isso? Engajando-se em combate regularmente. Essa forma antiga de atividade física os mantinha em forma. Portanto, se você quiser atingir o mesmo nível de movimentos corporais, você deve fazer disso um ponto e engajar-se em algo extenuante e extremo.

Nos próximos parágrafos, iremos falar sobre alguns dos obstáculos pelos quais os Espartanos passavam para desenvolver a sua resistência e velocidade. Isso também melhorava o seu tônus muscular e lhes melhorava o sistema imune.

De Volta à Esparta: Enfrentando Desafios

Espartanos eram conhecidos por serem bons em missões táticas. Por causa disso, podemos presumir que eles eram muito bem treinados em se movimentar em qualquer tipo de terreno. Essa vantagem é uma das razões pela qual passar por um treinamento Espartano irá mudar o jeito com que você vive. Com esse tipo de prática, você estará apto a se desenvolver não apenas em relação à disciplina, mas também como pessoa.

Eles também tinham que passar por muitos obstáculos para ajuda-los no desenvolvimento de resistência e velocidade. Aqui estão alguns exemplos de situações que eles tinham que superar.

Passar sobre, sob e através de obstáculos

Esse obstáculo em particular é feito de tal forma que os participantes têm que escalar uma parede primeiro, depois passar por baixo de uma e então passar através de uma série de pneus ou buracos no chão colocados no caminho e nas paredes. Esse obstáculo será repetido 2 a 3 vezes e é um marco de toda corrida Spartan.

Saltar sobre o fogo

Os participantes devem saltar através de chamas ardentes. Essa tarefa é tipicamente realizada tanto no início quanto no final de cada obstáculo. Acredito que isso ajude com o desenvolvimento do foco mental. Como? Porque você vai ter que aprender a focar em qualquer coisa que não seja o calor que você vai sentir sob os seus pés. Provavelmente você vai ter que se concentrar em atravessar esse obstáculo mais que qualquer coisa.

Arremesso de lanças

Além dos já mencionados, guerreiros também são treinados para arremessar lanças como parte dos obstáculos. Esse ato era feito de tal forma que os participantes e atletas eram instruídos a arremessar uma lança de madeira em um alvo posicionado a 10-20 metros de distância. Se o alvo fosse errado, haverá uma penalidade de 30 burpees.

Escalada de parede
Esse exercício é autoexplicativo. Os participantes devem escalar uma parede de quatro a outo pés de altura (1,2 a 2,4 metros). Esse teste pode ser repetido várias vezes ao longo do percurso de obstáculos. Os participantes também podem ter que escalar múltiplas paredes de variadas alturas em sequência. Esse teste com certeza é um bom exercício de desenvolvimento para o seu corpo inteiro.

Rastejar sob arame farpado
Os soldados ou guerreiros deveriam rastejar através de lama sob árabe farpado. Eles deveriam se manter baixos para certifica-se que não iriam encostar no arame. Esse obstáculo em particular é conhecido por estar presente em todas as corridas Spartan já realizadas.

A carregada
Esse desafio pode ser considerado como o mais desafiador de todos os obstáculos que um Espartanos teria

que superar se quisesse atingir um certo nível de grandeza. Nesse desafio, os participantes devem carregar cerca de 70 libras (31kg) de objetos pesados, como sacos de areia ou baldes cheios de pedras.

Em tempos modernos, em que mulheres já podem se juntar ao exército, aquelas que passam por esse desafio em particular terão que carregar objetos menos pesados dos que os homens. Além disso, isso aparece em todas corridas Spartan, com elementos variados. Abaixo está a duração específica desse desafio em cada corrida Spartan já realizada.

1. Arrancada Spartan: uma vez
2. Super Spartan: duas
3. Besta: três ou mais vezes

Obstáculos Adicionais
- **O Guindaste**

Aqui, os participantes são instruídos a içar um bloco de cimento ou um balde pesado usando uma roldana. Essa tarefa não é fácil, pois as cordas usadas muitas vezes estão oleosas e escorregadias. Esse pequeno problema se soma com o desafio todo. Com certeza irá desenvolver a força da parte superior do corpo de qualquer um dos participantes.

- **Parede escorregadia**

Nessa atividade, um plano inclinado é construído e utilizado. Entretanto, o desafio vem por causa da superfície escorregadia, normalmente feita com sabão ou graxa. Os guerreiros Espartanos e gladiadores tinham que correr através da parede eficientemente. Normalmente, eles davam um tiro rápido, ou usavam uma corda para completar o desafio com sucesso.

- **Os Gladiadores**

Como parte do obstáculo, os desafiantes devem enfrentar gladiadores que irão tentar jogá-los para fora do percurso logo antes de cruzarem a linha de chegada. Essa corrida serviria como um teste para a sua força bruta e sagacidade. Como esses guerreiros e atletas podem conseguir ser mais espertos que os gladiadores?

- **Pulo manco**

Atletas terão que amarrar seus tornozelos juntos com uma faixa grossa e pular através de uma série de pneus colocados em fileira

- **Pulando em troncos**

Nesse obstáculo, os participantes devem ser capazes de pular de um tronco a outro sem tocar no chão. Os troncos de madeira são dispostos em forma de ziguezague para aumentar o desafio para os participantes.

- **Subida de corda**

Nesse obstáculo, os participantes devem ser capazes de tocar um sino que está pendurado sobre um corpo d'água ou piscina de lama, subindo por uma corda grossa.

Todos esses devem ser feitos abaixo de certos limites de tempo.

Qualquer um que não fosse bem-sucedido nos exercícios de treinamento irá receber uma punição em Esparta. Entretanto, em tempos modernos, fazer os soldados realizarem um determinado número de burpees ou flexões já funciona.

- **Travessia tirolesa e A Parede**

Nesse obstáculo, você terá que aprender a andar sobre uma corda bamba. Espartanos eram instruídos a atravessar um rio gelado usando uma corda que estava esticada acima do corpo d'água. Aqueles que eram incapazes de fazê-lo cairiam no rio e deveriam nadar para sobreviver.

A Parede é similar com uma parede de escalada. Em tempos modernos, essa atividade é semelhante com a escalada em pedras ou montanhas, onde os participantes são desafiados a escalar uma parede feita de pedra ou rocha. Todavia, na era Espartana, guerreiros deveriam escalar montanhas íngremes e estruturas altas semelhantes a castelos para completar a tarefa. Eles deveriam fazer isso para aumentar a agilidade e resistência dos guerreiros contra os elementos.

Palavras Finais

Esses são apenas alguns dos grandes obstáculos que os Espartanos deveriam atravessar para desenvolver disciplina e fisicalidade. Com certeza é algo que posa como desafio a todos que não estiverem habituados com atividades físicas. Porém, se você quiser experimentar como é viver como um guerreiro Espartano, você tem que passar por esse tipo de treinamento vigoroso para ser bem-sucedido.

Adicionalmente, o mesmo tipo de treinamento é aplicado aos soldados modernos e fuzileiros navais. Porém você não precisa ser um soldado para passar pelo mesmo tipo de desenvolvimento físico. Você só tem que estar comprometido à causa e fazer tudo em seu poder para desenvolver-se o máximo possível, e você eventualmente irá alcançar a sua meta.

Fase Três: O Desafio Mental

O teste psicológico é a terceira fase do treinamento Espartano. Além do desenvolvimento físico, Espartanos também focavam em honrar as suas faculdades mentais. Essa seção irá discutir a que tipo de treinamento eles eram submetidos para se tornar mentalmente capazes para suportar o estresse da batalha.

Para começar, você deve descobrir o que lhe assusta mais. É a ideia de morrer? É a dor física? É a ideia de matar alguém? Como um guerreiro Espartano, você terá que aprender a enfrentar todos os seus medos antes de enfrentar os inimigos. Portanto, se você quiser se desenvolver como tal, certifique-se que você consiga conhecer os desafios mentais que vêm com tensão física.

A necessidade de treinamento mental

A maioria dos soldados Espartanos era submetida a várias atividades extenuantes que eram primariamente idealizadas para chocar o seu sistema e ajuda-los a ficar mais acostumados com o ambiente. A prática também era deita para permitir que os homens atingissem um senso de clareza mental. Essa ideia é a razão pela qual a maior parte dos generais Espartanos escolhia terrenos de treinamento que estariam cheios de desafios inerentes, para fazer os soldados enfrentarem condições inóspitas. Esse tipo de treinamento poderia alterar drasticamente tanto o seu estado físico quanto mental.

Eles eram treinados para caçar animais selvagens e viver sob condições climáticas severas. Esse tipo de treinamento vigoroso certamente teria um impacto nos de mente fraca. A maioria dos soldados Espartanos até aprendia o controle da respiração debaixo d'água, um ato que inevitavelmente exigia extremo foco mental e disciplina. Adquirir essas habilidades deve ser a razão pela qual você deve aprender a focar no que você deve fazer para melhorar. Não se deixe ser desviado pelo que os outros dizem e você conseguirá atingir grandes coisas, assim como os Espartanos.

Acompanhe o seu progresso

O passo final em colocar tudo isso junto é assegurar-se que vai atingir as suas metas é acompanhar o seu progresso. Se você quer perder peso, se pese semanalmente. Se você está tentando ganhar massa muscular, meça o seu bíceps e outras partes do corpo todas as semanas. Acompanhe tudo e use essas informações como motivadores para ajuda-lo a atingir uma disciplina ainda maior.

Para se tornar ciente do seu progresso referente a cada uma das metas, é importante que você registre tudo. Por exemplo, nesse caso, você irá querer acompanhar o seu desenvolvimento como um indivíduo com disciplina e força física e mental. Para tal, você terá que se observar com atenção. Pergunte-se:

- Você é capaz de fazer coisas que não conseguia fazer antes?
- Você se sente mais confiante ao se deparar com outras pessoas?
- Você vê alguma mudança física no seu corpo depois de um certo tempo se exercitando?

Se a resposta for sim, então você terá atingido um certo senso de disciplina e foco. Como sei disso? Porque você não teria alcançado nenhuma das suas metas e respondido positivamente a nenhuma dessas perguntas se não tivesse progredido significativamente. Aqui estão alguns pontos mais específicos dos quais você precisa ter registos se quiser acompanhar o seu progresso.

Seu peso
Perda de peso é um sinal significante de que há crescimento e melhora em um indivíduo. Atingir o seu peso alvo mostra que você é capaz de manter o seu regime de maneira regular e, portanto, deve continuar com o que está fazendo.

Mudanças de personalidade
Manter um registro das suas interações pessoais através de um diário pode ajuda-lo a acompanhar as mudanças nos seus padrões de pensamento, assim como no seu comportamento. Ao fazer isso, você irá não só se tornar ciente de si mesmo, mas também será capaz de manter um certo senso de confiança sobre como você

consegue lidar com o estresse. Também é útil manter registro das coisas positivas que você faz para lidar com o estresse.

Mantenha uma rotina de treinos regular

Manter uma linha do tempo irá ajuda-lo a recordar do seu progresso diário no que se refere ao seu corpo. Também é importante tirar fotos para acompanhar o seu progresso e servir de motivação para continuar. Essa ação também pode ajuda-lo a motivar outras pessoas a seguir o seu exemplo. Tenho certeza de que você se tornará uma inspiração para os outros se conseguir mostrar a eles os benefícios da disciplinar através do seu corpo.

Agora você deve estar equipado para encarar o desafio de adquirir a autodisciplina de um Espartano. Agora, termine o resto desse guia e vá ao trabalho.

Conclusão

Essas foram apenas algumas das muitas maneiras com que você pode atingir disciplina ao adotar um estilo de vida Espartano. Ser um Espartano significa não ter medo de fazer nada. Significa se manter focado em suas prioridades. Sendo assim, se você quiser se tornar uma mudança positiva no mundo, aprenda a melhorar a si mesmo primeiro e tudo mais certamente seguirá.

Parabéns – você pode ler. Agora que você está no final deste guia, você deve estar pronto para fazer algumas mudanças sérias no seu estilo de vida. Esteja pronto para mudar a sua vida para melhor e personificar o espírito do guerreiro Espartano.

Mas não pare de ler ainda. Ainda há algumas dicas e sugestões de último minuto para ajuda-lo a aumentar sua autodisciplina. Antes que você comece a escrever suas metas, tenha as seguintes simples sugestões em mente:

- Reconheça as suas falhas e fraquezas
- Crie um plano de ação detalhado e estabeleça suas metas
- Visualize o sucesso todos os dias
- Aprenda com seus erros
- Desenvolva novos hábitos e rotina
- Não espere até amanhã para começar – comece agora mesmo!

Aí está – tudo o que você precisa para ter maior autoconfiança, força de vontade, e a motivação que você vai precisar para finalmente alcançar os seus sonhos. Você tem o poder para se tornar um guerreiro Espartano, mas precisa trabalhar para tal.

Aqui e agora, comprometa-se em atingir as suas metas e a trabalhar para adquirir a autodisciplina de um Espartano. Boa sorte e lembre-se – conheça a si mesmo e nada em excesso!

www.ingramcontent.com/pod-product-compliance
Lightning Source LLC
Chambersburg PA
CBHW070759040426
42333CB00060B/1225